來自北海道的科學家

張文亮——著
蔡兆倫——繪

作者序

雪，靜靜的下在北海道

張文亮

開始，沒有什麼特殊的理由，我只是喜歡在臺灣大學圖書館五樓的典藏室，對一些早期的書籍、期刊、地圖、圖繪等東翻西看，或是借出閱讀。

上課時，會講些事蹟給學生聽。這些事蹟都來自我在典藏室找到的資料，我把它們寫成閱讀教材，回家也講給妻子聽。我與妻子結婚多年，一直將她當成我的學生般，講故事給她聽，這是我最快樂的時間。

有一天，學校出了一份公文。日本北海道圖書館的館員前來臺灣大學圖書館，想知道早期札幌農校（北海道大學前身）在二十世紀初期或十九世紀後期，到臺灣成立臺北帝國大學的事。校方發出公文詢問是否有人可與對方對談。我常在典藏室進出，喜歡讀日文資料，就自告奮勇前往。

沒想到，這場對談只有我一個人參加，也因此認識了北海道大學特定專門職山本美穗子。交談中，我問她：「臺灣大學能夠成立，最關鍵的人是誰？」她說：「柳本通義。」我說：「從未聽過這個名字。」她說：「如果來到北海道大學，就會知道。」

我的妻子鼓勵我去北海道大學，答應陪我在那裡住一星期。二〇一八年二月，我與妻子前往。雪靜靜的下著。我還不知道最幸福的日子將離我遠去。

山本美穗子接待我們，也介紹我們認識北星學園大學（位於北海道札幌市的日本私立大學，屬於學校法人北星學園）名譽教授大友浩，他開放許多早期札幌農校畢業生前來臺灣任教的資料給我閱讀。

我帶了許多資料回來，有空就寫一點，當然，我也知道柳本通義以及多位來自北海道的學者專家，對臺灣高等教育的貢獻了。我每寫一位，就講給妻子聽，她微笑。沒想到，我的妻子在二〇二二年一月發現得到急性血癌，八月安息。我陪她住院很久，就沒有繼續寫下去。其實還有一半以上都沒有寫，但如今也無力下筆了。

只記得，雪靜靜的下在北海道，我想回頭找，淚眼卻看不到足跡……

contents

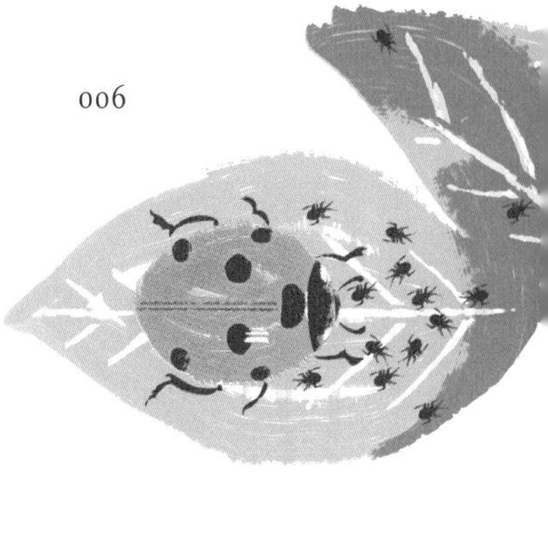

1

為臺灣預備大學校地的遠見者

柳本通義

やなぎもとみちよし

柳本通義（1854–1937）　一八九六年前來臺灣擔任「殖產部拓殖課課長」。一九〇三年，他用總督府的經費，買下臺北富町大片土地做為試驗農場，也是後來臺灣第一所高等學校的校地。一九二二年這所學校成立，一九二八年改名為臺北帝國大學（後來的國立臺灣大學）。

柳本通義是日本札幌農校第一期畢業生，畢業後參加北道農村建設，一八八〇年開發「富良野」與「十勝」原野，成為北海道的園藝與畜牧場的典範。

一八八六年他成立「北海道開拓試驗場」，開出幫助農民提升專業知識的各種課程，包括：「家畜飼養」、「農村衛生」、「農民耕作與體驗」、「作物改良」、「灌溉學」、「農村樹木與種植」、「農村道路與運輸」、「農學與國外技術的引進」等等。

他在北海道《殖民雜誌》上發表：「有一天殖民結束時，給地方的百姓留下美好的建設。」「讓在地的人，有最終的決定權。」

柳本通義生於日本的桑名（位於三重縣，鄰近名古屋），他的家族與農業很有淵源，早在一七八〇年，他的祖先就擔任桑名藩主松平世家的武士，負責藩裡的土地、稻穀收成等事務。

照顧農民的世家

一八二三年遇上荒年，桑名藩的農民無法按期繳交收成，藩主卻蠻橫的提高農民租稅，付不出的農民將失去佃農資格，結果農民群起暴動，藩主派武士前往鎮壓。柳本家族的祖先柳本通第，站在農民那一方，一方面安撫農民，一方面請藩主降低稅收，讓欠債的農民可以分年償還，弭平了動亂。

一八六七年，鳥羽、伏見之戰，松本藩支持幕府，派軍與薩摩、長州的討幕軍對抗。一八六八年，德川幕府倒臺，松本藩歸順大政，解散所有武士。柳本家族素來清廉辦事，政府改派柳本通義的父親擔任「巡察吏長」，負責維持治安。

為了讀書刻苦耐勞

柳本通義從小身體強壯，喜歡運動，尤好「劍道」。他後來寫道：「武士的教育，是未出劍時小心謹慎，出劍後全力以赴。」明治維新時期，許多武士沮喪，不知如何生活，父親卻教育他：「時代改變之際，是創新的大好時機，要有大格局、新眼光。」父親鼓勵他學英語。

一八六九年，父親聘請美國宣教士布朗（Samuel Robbins Brown,1810-1880）在桑名開私塾，教英語與聖經，柳本通義進入私塾讀書。一八七三年布朗離開，到東京設立學校（後來稱為明治大學），離去前，推薦柳本通義到東京一所全英語教學的中學「逢坂學校」就讀。父親也鼓勵他前往，但是巡察長的薪水無法支付學費，於是柳本通義申請工讀，擔任清潔工以求減免部分學費。他刻苦耐勞，一天只吃兩餐，晚上到廚房將餐廳剩菜吃光。他吃飯很快，同學稱他吃飯有如「大旋風」。

成為札幌農校首期學生

一八七五年三月，柳本通義報考「東京英語學校」，沒有考上。他在學校外寄宿，努力讀書，九月再考通過，可惜入學後又面臨無法支付學費的窘境。此時他聽說北海道新成立的「札幌農校」正在招生，學費全免。他喜愛農業，決定前往應試。一八七六年六月，他獲得入學資格，隨即搭船往北海道。八月十四日開學，成為「札幌農校」第一期學生。

在校期間，校長克拉克（William Clark,1826-1886）教導學生：「仔細觀查動物、植物、地質，並且自己製作標本與典藏。」「上課作筆記，下課整理，筆記要完整到可作他人的教材。」也向學生傳福音，每星期帶領學生查考聖經。第二年，柳本通義決心成為基督徒。一八八〇年七月，他從札晃農校畢業，成績並非最好，「體操」、「兵學」成績第一名，受聘為「北海道開拓使」，月薪三十元。赴「七重勸業試驗場」擔任技術人員。

參與北海道開拓

他工作認真，尤其擅長野外調查，對地理新環境很能適應。一八八六年，他協助日本移民在函館成立移民村，接著協助開發「富良野」。他是日本引進西方測量儀器的第一人，他寫道：「精準測量土地，才能釐定土地面積。直角規畫，才能設好農村道路。」「農村增產，要靠灌溉。農村防範水災，要在河流邊設立『溢水警戒線』。必須不斷教導農民新知與技術，才能提高產品精製與市場價格，使農村富裕。」他在試驗場給職員上課，讓職員外出教導農民。

他也負責規畫「十勝」移民村，在探勘十勝附近的空知川時遇到洪水，搭乘的船隻翻覆，差點兒溺水。事後他受洗為基督徒，立志在農業「為主發光」。

一八八九年，他深覺札幌農校校地不足，學校需要大片土地可供試驗，未來才可能成為北海道農業研究與教育中心。他提出：「讓學校持有大片的土地資產，才能安定學校基盤。」呼籲校友合資買下學校周圍大面積的土地，轉贈學校。他的呼籲獲得校友支持，籌款三萬元，買下兩百三十公頃土地贈與學校。一八九二年，札幌大火，他建議政府將遭火焚燒的土地也捐給札幌農校，又獲通過。

一八九四年，日本與清朝海戰，一八九五年簽訂「下關條約」，清朝政府割讓臺灣、澎湖諸島給日本。當時清朝仍有三萬五千名正規軍駐臺，地方義勇軍號稱十萬人，巡撫唐景崧宣布成立「臺灣民主國」，準備對抗日本。

來臺投入建設

一八九五年五月二十九日，日本近衛師五萬人自北臺灣登陸，十月一日平定臺灣。當時臺灣問題很多，甚至有日本官員認為殖民的代價太大，提出「退臺論」。日本總督府請札幌農校的校長橋口文藏（1853-1903）前來幫忙。橋口文藏於一八九六年前來，擔任臺北州（含臺北、基隆、宜蘭）知事，他邀請柳本通義、加藤重任（1851-1904）、橫山壯次郎（1868-1909）、萱場三郎同來協助。

加藤重任是軍人，擔任札幌農校兵科教練，擅長管理。他發現臺灣的土地、財富，控制在少數富人與知識菁英手中。他聘任這一百多位富紳、菁英為「紳章」，協助總督府治理臺灣，允許他們進入總督府協商事情，不需層層通報。這是日本殖民臺灣初期能夠快速穩定治理的關鍵。加藤重任雅好詩文，又號「雲齋」。他常邀請知識分子一起吟詩應和，是「臺灣詩社」的創始人。他也進口機器，發展臺灣紡織，被稱為殖民時期「臺灣紡織工業之父」。

橫山壯次郎是札幌農校第八期畢業生，有「臺灣第一位地質學家」之稱，幾大礦區都有他的足跡。他喜愛植物，雨豆樹與巴西橡膠樹是由他引進臺灣的。

萱場三郎是札幌農校第十三期畢業生，水產養殖專家。他最早調查臺灣的養殖漁業、養蚵、近海漁獲與西南沿海的晒鹽業。

他們前來臺北後，與馬偕（George MacKay,1844-1901）博士見面，租借艋舺長老教會做為日本人的教會，第一次聚會時只有他們四名成員，共推萱場三郎為首任長老。

柳本通義初來臺灣時，住在臺北南門街。第一年，他到處巡視，一出訪就是八個月。回來後，他寫道：「到臺灣工作是辛苦，是責任，是為臺灣提升技術，順應時代的進步。我在不同的生活環境工作，要有強健的身體、堅強的意志與澈底執行任務的決心。」

提出農業發展藍圖

視察回來後，柳本通義向總督府提出建議：增加水稻生產，發展水利灌溉，體認在地民風，發展糖業，發展農業教育……。

殖民初期，許多日本人認為臺灣人天性難管，所以土匪多。柳本通義認為多數土匪只是沒飯吃的人，增加水稻生產就可以減少土匪。當時臺灣人口約兩百八十萬，水田面積很少，他認為減少土匪的方法不是嚴格懲治，而是增加水田面積。這個政策後來稱為「土匪溫情處置」。他很有智慧的以正面建設取代負面處置。

柳本通義同時提出「發展水利灌溉，水田面積才能增加」的主張。總督府的行政官員認為：「農地應歸政府，放租給農民。」柳本通義反對，他問道：「先有水源，還是先有水田？」答案是水源。因此他建議總督府要擁有的是水權，不是農田。水田歸民間，水權政府管。這個措施能夠鼓勵農民配合政府資助，開發更多水田。

一八九六年，總督府將原住民居住區分為：叭里沙（今宜蘭羅東）、大嵙崁（今桃園大溪）、五指山（今新竹竹東）、南庄（今苗栗南庄）、林杞埔（今南投竹山）、大湖（今苗栗大湖）、東勢角（今臺中東勢）、恆春（今屏東恆春）、埔里（今南投埔里）、蕃薯寮（今高雄旗山）、臺東，共十一個撫墾署，並將樟腦採集、礦業開採、木材砍伐等，納為官方壟斷事業，派兵防守。消息傳出，原住民激烈反抗。

柳本通義反對總督府的做法，他建議：「政治的威信，在增進在地居民的幸福，而非嚴格約束。是維持安寧得人心，而非強奪資源。」他認為開發原住民的山區資源，要從認識原住民開始。他與橫山壯次郎、藤根吉春、伊能嘉矩（1867-1925）一起建議：「要了解在地住民，必須先了解臺灣人與原住民的舊習慣、風土人情、地理文化、語言習俗。而非把西方或日本的制度直接輸入，用在臺灣。」他們的建議獲得總督府同意，在一九〇〇年成立「臺灣舊習慣調查委員會」，這是非常正確的做法。

柳本通義認為有水的地區，適合發展水稻農業；缺水的地區，適合發展甘蔗耕作，可以增加農家收入，又可以防風，減少陸地海風引來的沙塵暴。他向後藤新平建議，延聘新渡戶稻造（1862-1933）前來臺灣發展糖業。

一九〇一年二月，新渡戶稻造（札幌農校第二期生）來臺巡視之後，發表非常重要的《糖業改良意見書》，包括改良甘蔗品種、改良栽培法、改良製糖技術、改良壓榨法、改良灌溉方法等等。他說：「殖民主義是什麼？在地百姓的利益優先。」後來糖業為臺灣賺入大量外匯。

預購校地的遠見

柳本通義深覺高等教育是未來臺灣發展的基礎。但是臺灣沒有大學，沒有預算，沒有大學師資。他像先知耶利米（耶利米書三十二：7），先買土地，「買這地……可以存留多日。」

柳本通義向總督府提出他看事情的大格局：「發展農業，必須有農業行政、農業研究與農業教育做為基礎。農業基礎穩固，未來才能走向近代化。」具體做法是成立「總督府農事試驗場」，直屬總督府。他以札幌農校購買校地的經驗，建議總督府買下蟾蜍山下富田町三二九番地（原屬大加蚋堡 頂內埔庄）二十四甲土地。這是非常重要的建議，日後臺北帝大就在此設立。這片土地於一九〇三年五月買下，同年十一月正式啟用，由藤根吉春擔任場長。當時山腳下有瑠公圳通過，引水方便，可以做水稻試驗研究。

柳本通義在未建學校之前，先預備校地，這種深謀遠慮，已經超越產殖官員的格局，被稱為「來臺官吏中，最得屬望者」。當時總督府軍系職員很多，官僚氣息愈重的，做事能力愈薄弱；愈愛欺壓百姓的，愈欠缺專業技術。柳本通義將這些人趕走。他選用人員，都會親自面談，聘用有技術能力的人擔任產殖局職員。

總督府農事試驗所成立後，聘了許多研究員，後來大都成為臺北帝大設立初期的教授，也是許多科系的建立者。這批研究員大部分是札幌農校校友，包括：川上瀧彌（試驗場技師）、東鄉実（農業技術）、長崎常（土壤肥料），素木得一（昆蟲部主任）、涉谷紀三郎（農藝化學）、磯永吉（農藝科）、竹內叔雄（農藝部兼教育部技師、農林學校校長）、大島金太郎（農事試驗場場長、高等農林學校校長、臺北帝國大學籌備主任）、濱口榮次郎（製糖化學）、一色周知（養蠶學）、野田幸豬（農場學）、鹿討豊雄（農林學）、八谷正義（農林學）、金森貞吉（農林學）、馬場為二（釀造學）、足立仁（應用菌類學）、三宅捷（生物化學）、松本巍（植物病理學）、山本亮（農學化學）、奧田彧（熱帶農學）、白鳥勝義（氣象學）、山根甚信（熱帶畜產學）等。

此外也有東京帝大畢業的田中長三郎（熱帶農學）、牧隆泰（農業土木），以及九州帝大畢業的高坂知武（農業工學）、安田真雄（育種學）等人。

當時能夠在富田町購下大片土地，做為日後臺灣第一所大學的校址，主要是靠民政局長後藤新平協助。後藤新平想將臺北建設成亞洲第一座有都市計畫的都會，想使臺北成為臺灣、甚至日本、中國的都市楷模。他提出臺北要「交通方便、重視衛生、景致美觀」。他先為臺北保留許多綠地，做為公園或公園預定地。

柳本通義趁機提議購買土地，做為日後農業教育用地。他是循序漸進的，他先與田代安定在一八九八年提出：「臺灣都市沒有行道樹，景觀索然無趣。早期臺灣居民怕樹木引來火災，阻礙視線，招引蛇蟲，以致城市沒有樹木。其實樹木可以保護街道，減少風吹沙塵，有益公共衛生，改善都市景觀。應該引進枝葉優美、生長迅速、木質堅強、樹型端正的樹種，並在都市馬路邊保留空間，種植這些樹木。」他又寫道：「臺灣人喜愛榕樹，在榕樹下聊天乘涼，但是榕樹需要經常整修，不易管理，應該引進新樹種。」他的提議獲得後藤新平支持。

一九〇三年十一月，總督府買下富田町二十四甲的土地，先是設置樹木培育場（後來的園藝分場），後來加入水稻栽培與病蟲害、甘蔗栽培、綠肥種植、畜牛、豬種、雞隻育種、特種作物（甘蔗、黃麻等）栽種、養蠶與栽桑、土壤肥力分析、農具製作等等，共分農藝、昆蟲、植病、畜產、蔗務、教育七部，稱為「臺灣總督府農事試驗場」，隸屬臺北州府的殖產部。一九〇四年，新渡戶稻造提議讓農事試驗場升級，直屬總督府，由總督府編經費，員工編制四十餘人，招聘研究員。

打造農業教育基地

農場設在富田町，原因是這裡位處臺北近郊，土地開闊，通風良好，環境衛生佳，位置接近水源地。可以保護水源地，地勢又高，避免淹水的風險。

當時正在發展桃園地區的水稻栽種，預備將灌溉水源設在大溪臺地，因此先在臺北平原的高點設置「有效雨量」的滲漏計試驗。臺灣平均降雨量是二五〇〇厘米，研究發現，可供水稻生長所需水量為一三七七厘米，後來便以這個研究結果去規畫大溪臺地的蓄水池面積。

農事試驗場是臺灣農業的教育基地，初期的老師有藤根吉春、新渡戸稲造、川上瀧彌、柳本通義等人，還有教「果樹栽培」與「耕地學」的山田新一郎（東京帝大），教「土地測量」的佐藤友熊（東京帝大），教「日語學」的尾田信直（北一女第一任校長）。工作之餘，他們還需巡迴各地輔導農民。

農業試驗場的各部門，日後發展成臺北帝大農學院的不同科系，試驗場研究人員成為初期的教師，教學方式是「學教合一」、「實作與理論兼顧」，招生方式是臺灣早期的「私塾制」，只對少數農民開課，名額分配給各州、廳的知事，由在地政府推薦適合的學生。學費、交通費、生活費、住宿費全免，試驗場另有宿舍供學生居住。當時的選用資格是農村青年，具有農業實際經驗，努力有為，可以回到鄉村教育他人者優先。

一九一九年，農業試驗場發展為「農林專門學校」，這時校地面積超過三十六甲。一九二二年，培育出的學生已近千人，效果顯著，改稱「高等農林學校」，一九二八年改制為「臺北帝國大學」。

日本的大學教育，先讓學生在某一個特殊領域深度學習，而後才頒發學士學位。「帝國大學」的名稱則顯示，高等教育肩負加強國家認同、促進國家富強、以及為國家培育未來官員或企業主管的使命。日本時期的教育，不重個人主義，讀大學更不是個人消費行為。

主事者的理念與格局

新渡戶稻造是「農業試驗場」的總場長，負責為臺灣農業教育奠基。他寫道：「有日本人認為臺灣人是劣等人，需要警察，不需要老師；臺灣人慾望強烈，需要壓制，難以感化。其實，日本人平均知識水平高於臺灣人，只因起步較早，接觸西洋文化較早，而後又能循序前進，廣設各級學校。臺灣人是否適合受教育，與人種沒有關係。這如同兩根蘿蔔，一根大，另一根小，大根譏笑小根不如他。其實蘿蔔有先種、後種的差異。蘿蔔要長得大，要看的不是蘿蔔的頂端誰較高，而是蘿蔔的尾部誰埋得深。」

「教育的目的，在學問；學問的目的，在專業的養成；專業的養成，學生要如同相撲選手，不在乎觀眾的吶喊，不在乎外面的議論，不在乎大眾的讚揚或貶抑，只在乎在場上盡力。專業的養成，能讓學生以後的出路廣，好像是三味線的彈奏，有自己的格調與體會。專業的養成，不是壓制，壓制永遠無法使人就範。專業養成如同製作味噌，先用鹽漬，再用水發酵，後來就有自己的風味。」

「日本在臺灣推行教育的目的，不是同化臺灣人成為日本國民；不是鼓勵愛國心，不是國家主義的工具。教育的重點不在教，而在育。學生以求學為愉快之事，做事為公不為私。有理想才能安靜的想，有理想才會重視生命。知道重視生命的國民，就是偉大的國民。有偉大的國民，才會有偉大的國家。」

最後的行腳

臺北寒冷，牛隻易染支氣管炎，新渡戶稻造建議在恆春成立「臺灣熱帶性農事試驗場」。當時的恆春是清朝殘兵最後的聚集地，治安不好，官員出入都要攜帶武器。一九〇四年，柳本通義向總督府申請轉調恆春擔任場長。這是高階低就，被總督府官員認為「不可思議」。柳本通義寫道：「恆春地處偏僻，更像是北海道。生活艱難的環境，適合基督的信仰者。」

他到了恆春，推動水牛品種改良，一九〇六年長嶺林三郎（1875-1915）前來協助，和他一起篩選臺灣牲牛品種。長嶺林三郎後來成為「臺灣水牛與黃牛品種改良之父」。同年，他自越南引進石栗、相思樹、油桐樹，自印度引進阿勃勒，並且種植木麻黃做防風林，日後普及臺灣各地。

柳本通義也招募在地遊民，指導他們在墾丁集體開墾農場，自給自足。日本總督府認為臺灣各都市的城門是「清朝遺風」，全都拆除，唯獨柳本通義認為恆春的城牆不該拆除，應尊重殘兵心中的懷念。更特別的是他給遊民「軍事教育」，認為「受過軍事教育的百姓，會集體行動，更易管理」，使得恆春成為治安良好的地方。

一九〇五年，日本在日俄戰爭獲勝，資本主義開始與軍國主義結合，再度由軍人執政。一九〇六年四月，臺灣總督換成佐久間左馬太（1844-1915），他熱中戰爭，以武力攻擊原住民，前後打了一百六十場戰爭，並鎮壓臺灣異議人士。柳本通義諫言不成，憤怒不滿，一九〇七年七月申請退職，返回日本。回日本後，柳本通義擔任兵庫縣水利技術。一九一六年退休，回到桑名擔任議員，也協助女婿小林直三郎在北海道的美瑛、旭川地區開拓農場，一九三七年病逝。

2

勤懇的農學教育家

藤根吉春

ふじねよしはる

滕根吉春（1865-1941） 他是一九〇四年至一九一五年這段時期，臺灣最重要的農業老師，也是臺灣景觀營造的推手。一九〇四年，他擔任「臺北農業試驗場」第一任場長，在試驗場設立學校，教導許多農家子弟，這些人後來成為臺灣最早一批農業專家，包括臺北家畜檢查長楊漢能、淡水場咕咾組合長潘龍光等人。

滕根吉春積極輔導打算移民南洋的臺灣農民，讓農民可以憑藉農業技術立足海外。這些移民返鄉時，常會帶些當地的植物種子送他。他將這些來自南洋的種子，栽種在農業試驗場、嘉義中埔、埔里蓮華池……。

這些在臺灣落地生根的外來植物包括：鵝掌藤、落神葵、朱槿、黑眼花、爆竹花、文珠蘭、大花田青、軟枝黃蟬等等。

他又推動植栽樹木，把馬路變成綠色隧道、植栽園藝花朵，改善都市景與農地景觀。

臺灣的平地與都市景觀營造，是從他開始的。

滕根吉春生於日本岩手縣盛岡市。這裡是奧羽山的支隴，山多，平原耕地少，居民大多從事畜養乳牛、伐木業，或在沿海捕魚，生活窮困。早期這裡屬於伊達政宗（1567–1636）的領地，滕根吉春的祖先是伊達世家的世襲武士。他寫道：「家訓是：戰場是武士的歸屬，戰死是武士的榮譽。」「武士的教育是親躬實踐，在困難的時期能夠勞動筋骨，是最好的清涼劑。」

嚮往當梁山泊好漢

他小時候愛讀《水滸傳》，期許「將來要到偏僻鄉野，當梁山泊好漢」。

一八八〇年，他進入岩手縣盛岡農學校的獸醫科，一八八三年畢業。他身體矮壯，滿臉鬍鬚，顏色微紅，穿著草鞋，走路昂首闊步，長相頗似蝦夷族（日本北方的原住民族）。他本來想到北海道最北的蝦夷族村落當獸醫，認為那無拘無束的地方，最像梁山泊，可以實踐理想。家人勸他，盛岡的武士，在明治維新時代應當成為軍人，日後更有前途，於是他前往東京築地就讀「海軍兵學校」。

他在軍校結交了一些志同道合的同學，包括山田新一郎、佐藤友熊、尾田信直等人，組成「壯士流」社，經常討論要去哪個地方當梁山泊好漢（後來他們都來到臺灣擔任農業試驗所的教師）。課餘，他們在野外插上一根「壯士流」的大旗，在旗下喝酒，或找看不順眼的人打架。畢業前，他們與一群海軍士官打了一架，痛扁對方。畢業後，他考慮若是分發到海軍服役，可能會被修理。雖然當時海軍兵學校的學生也可直升東京帝大，但他又想到了他的獸醫夢，於是便轉往北海道的札幌農校就讀。

將畜牧與觀光結合

一八八九年他自札幌農校畢業，被派往「真駒內種畜場」擔任技師，負責研究寒帶地區種牛、種羊、種豬的畜養，以及牧草栽培，飼料改良等等。他在這裡展現了管理長才，升任場長，開創性的將種畜場開放為觀光場地，幫助營運，後來成為札幌非常著名的「羊之丘展望臺」。

一八九三年，他工作之餘擔任札幌農校「畜牧與肥料學」講師，讓學生來畜牧試驗場上課與實習，並於次年結婚。一八九五年十月，日本外務省招聘技師前往臺灣。他一聽到消息，認為這是他實現梁山泊好漢夢想的機會，他的家族、同事都認為他瘋了，努力挽留他。他的妻子剛懷孕，卻願意與他同行，於那年十一月渡海來臺灣。

來到臺灣，由於他有「軍曹」的軍職，總督府以為他還當軍人，他說不是。又問他是不是來當治安警備官，他也說不是。總督府不知道他來做什麼，就派他去拓殖局當最低階的技工，擔任原住民土地調查員。他先將妻子安置在拓殖局宿舍，妻子生產後，他才與同事森真藏前往宜蘭，一直走到南澳。他們在南澳原住民的部落住了幾個月，他後來寫道：「總督府的官員以為我們已經被原住民吃掉了。其實我們與原住民喝酒、吃肉，比手畫腳，他們是一群熱情、篤實的人。」他回來後，向總督府提出原住民部落應該發展畜牧、農業與觀光。他是第一個提出原住民部落可以發展觀光的人。

將試驗場與教育合一

一八九六年六月，柳本通義前來擔任產殖課長，才發現他的職員中有這位高手。他委任滕根吉春擔任臺南農事試驗場的場長。一九〇一年，新渡戶稻造來臺灣，也請滕根吉春試驗新蔗種。他什麼工作都接，先是從事牛、豬育種，接著又做甘蔗育種。

一九〇四年，柳本通義與新渡戶稻造請滕根吉春擔任「總督府農事試驗場」場長。就任後，他首先聘請專家來農事試驗場開班授課，發給「一年制」的學位證書。他將農事試驗場轉型兼辦學校，後來成為「總督府高等農林學校」，再改制為「臺北帝國大學」。他提出：「臺灣必須經濟獨立，才能改善民生，普及教育。經濟獨立，要先培養農村中堅人才。」

一九〇六年，滕根吉春出版《台灣農友會報》，向農民介紹國際農業新知。又到原住民部落，鼓勵派人前來就讀，因為「只有透過教育，才能提升地位」。一九一〇年，他出版《農事試驗場特別報告》，向農友介紹試驗場的研究成果，這些報告成為臺灣最早的本土研究報告。

他不斷向札幌農校報告近況，並建議學校推薦想把北海道農業振興經驗移植到臺灣的人。「這些人要有學識、有經驗、做事有為。」「他們是農業的研究實踐躬行者，因為知道學生學習農學的價值。」一九〇七年，他又出版《台灣農事報》，介紹較具深度的研究成果，這是臺灣最早的學術研究期刊。

他有一個很特別的看法——「殖民，是為了去海外移民」。在十九世紀後期，約有三千名廣東的基督徒移民沙巴（舊名北婆羅洲，現隸屬馬來西亞），二十世紀初期也有些苗栗地區的客家人前往。藤根吉春傳授他們農業技能，讓他們移民後能在海外立足，他寫道：「貧弱地區的農民，與其生計受限於不良環境，不如到國外尋求更多機會與自由。」他為有心移民南洋的臺灣農民上課，有些農民返國的時候會探望他，他請大家帶些南洋的種子贈給他。

以植栽營造都市景觀

滕根吉春將這些來自南洋的種子，有的栽種在農業試驗場，有些種在嘉義中埔，有的種在埔里蓮華池，這些植物包括：鵝掌藤、洛神葵、朱槿、黑眼花、爆竹花、文珠蘭、第倫桃、錫蘭肉桂、棘木、大花田青、軟枝黃蟬等等。他將這些植物對外推廣，目的在改善臺灣景觀，並推動「植栽樹木，把馬路變成綠色隧道」、「植栽園藝花朵，改善都市景觀」，他又移種大花田青做為綠肥，改善農地景觀。臺灣的平地與都市景觀營造，是從此開始的。

他多次出國參觀都市庭園與農事試驗所，也常邀請外國官員、農業技師來臺。他勉勵學生：「要忠誠從業，勤儉治產，成為家人與鄉民信賴的人。不要奢華放縱，怠忽職守，否則受到文明教育，倒不如不教育。」「不要挾才恃學，驕慢不遜，自縱其慾，最後自害己身，也讓學校蒙羞。」

一九一五年，滕根吉春染上瘧疾，辭去工作回到日本休養。不久，他又擔任盛岡農校校長，直到病逝。

3

解決臺灣糧荒的人

長崎常

ながさきつね

長崎常（1865-1939） 他是臺灣各地成立農會的推手。先是推動法令，讓臺灣各地成立「農民組合」（農會），又再成立「水利組合」（農田水利會）統籌水利，納入埤、圳、池、灌排等水路，對臺灣農業貢獻極大，是解決臺灣糧荒的第一人。昭和時代，他被稱為「臺灣農業的恩人」，但是現在知道長崎常的人可能很少了。

一九一二年，長崎常針對臺灣土地的最佳使用，提出一份「農業發展規畫」，成為臺灣產業的藍圖，重點有：

- **治水**——造林防沙，設立國有保安林。
- **灌溉與排水**——以灌溉、排水渠道做為臺灣產業發展的動、靜脈。
- **土壤改良與農作改良**——提升糧食生產。
- **農民衛生**——改善農村環境，減少傳染病。
- **農業教育**——提高農民知識程度，至少小學畢業。
- **農業生產調查**——每年公布農業生產數據。
- **農業運輸**——幫助農村產品輸送。
- **農業金融與信用制**——提供發展農業的資金與獎勵。

長崎常出身北海道札幌北部的「發寒村」。他的祖先在德川幕府時期，是伊達政宗家族所掌控的仙臺藩的武士。隨著幕府衰敗，伊達家族漸入頹勢，十九世紀中期，伊達世家內鬨，一些武士舉家移民北海道。

移民的家族

長崎常的家族移居發寒村，生活非常困苦。一八六七年戊辰之戰，伊達世家支持幕府參戰，武士戰死超過千人，戰敗之後，殘存武士又再移民北海道，成為墾地的農民，形成「農民組合」。明治政府並未派軍鎮壓這些支持德川的殘兵，反而在一八六九年成立「北海道開拓使公所」，派專家前往札幌教人民務農。一八七四年，札幌居民一百九十八戶，共九百六十五人。一八七六年，札幌農校成立。

長崎常於一八八五年進札幌農校，他寫道：「我學習到農業不是只靠勞力，而是要有經營理念。如果沒有發達的畜牧所生產的糞肥，就不要一直擴張種植面積。沒有合宜的氣候、合適的土壤與水利措施，就不要搶種作物。冬天如果有足夠的肉可吃，就不要讓農民到野外勞苦。」他學習「農政學」與「農業經濟學」，於一八八九年畢業。

由於札晃農校是公費制，畢業後他被派到四國的高知縣農業課任職。高知縣四邊環海，溫度較高，人口稀少，農村缺乏人力。長崎常認為「振興農村，從農業教育開始」，於是在一八九三年轉任高知縣農學校校長。他特別教導學生要懂得「市場」，否則農業的耕種者永遠不是經營者。

教農民除蟲　見面就問「有蟲嘸」

一九〇五年，臺灣總督府請新渡戶稻造推薦續任人選，前來臺灣擔任農業政策主管，新渡戶稻便推薦長崎常。次年，長崎常前來擔任殖產局農商課長，日治時期臺灣農業發展邁向制度化。

一九〇七年，長崎常推動法令，讓臺灣各地農村可以成立「農民組合」，並在農業試驗場辦教育講習，他寫道：「臺灣農民大多是文盲，最有知識的是小學畢業，他們不懂博物學、動物學、昆蟲學，對外界科學的進步一無所知。如何用最快的方法讓他們知道呢？就從『要領』教起。」

一九一〇年，他與病蟲害學家素木得一合作，推動「臺灣作物、蔬菜、果樹病蟲害運動」，以彰化田中為試驗區，施放自美國引進的瓢蟲，以蟲防蟲，並鼓勵農民用補蟲網、誘蛾燈、枯穗燃燒、覆土、整地、作苗圃等方法除蟲。他甚至與總督府警務課合作，設置產業警察，負責驅蟲，並要農民見面就問：「有蟲嘸？」若有蟲就報警，一起除蟲。

一切從基礎改善做起

一九一一年，長崎常以桃園新屋為示範區，推動過磷酸石灰改善桃園紅壤，種植水稻，並發展桃園臺地埤塘灌溉。之後他向總督府提出：「減少臺灣社會犯罪的關鍵，在於健全農業社會。」他稱這是「心的教育」，首先推動設立農民信用合作社，鼓勵儲蓄；又辦農村圖書館，舉辦講座，介紹科學新知；設農業推廣班，以農教農；推動農業機械化，讓工業與農業結合。

一九一七年，他推動綠肥（五爪豆）改善土壤，土壤肥沃度大增；推動立法，規定農村要用木、藤、竹子為黃牛作鞍，不得讓牛隻空背載物，培養農民愛惜家畜。一九一九年，他訂出米的品質量測標準，分辨臺灣良質米，並且補助農家將晒穀場的地面鋪上水泥，減少米粒夾雜雜物，大大改善臺灣稻米純淨度。

推動水利會設立

為了統籌水利，一九二一年，他推動成立「水利組合」（後稱「農田水利會」），納入臺灣埤、圳、池、灌排等水路系統，並且補助新土地開墾。從此，總督府可以準確知道各地的用水狀況。又於一九二四年，提倡建造「農村大型倉庫」，農民合作共用，以調整產物豐收時的供貨量，維持較佳市場價格，以免穀賤傷農。一九二六年，他推動新竹地區的農業灌溉，建竹東大圳，並改善新竹海埔新生地的洗鹽作業。這是他為臺灣做出的重要貢獻。

長崎常一直建議要與原住民保持良好關係，設立山地林班，禁止過度伐木、導致河川淤積，總督府不採納。他又提議總督府設立農業部，做為農業的最高行政部門，也未被接受。一九二九年，他返回日本。

長崎常對臺灣農業貢獻極大，是解決臺灣糧荒的人。昭和時代，他被稱為「臺灣農業的恩人」，但是現在知道長崎常的人可能很少了。

4

催生臺灣教育令 迎來第一所大學

東鄉実

とうごうみのる

東鄉実（1881-1959） 他是臺灣糖業發展的關鍵人物。他重視教育，認為教育普及是社會正義的基礎，影響臺灣總督府的教育政策，調整對殖民地的歧視心態，促成臺灣第一所大學設立。

他來自日本鹿兒島農家，改善農村經濟是他的理想。

對於日本殖民臺灣，他有自己的態度。

他認為：殖民不是基於民族優越感，而是為了利他；殖民不是強權統治，而是在地自治的培育；不是要搜刮物資，而是分享；不是要異族同化，而是以身作則，提升他人文化。

他大力提倡：日本無法生產的，才由臺灣供應；臺灣無法生產的，日本一定要供給。供給什麼？治安、制度、衛生、技術與教育。

他強調教育的重要，促成臺灣第一所大學成立。

一九〇六年，東鄉実來到臺灣彰化廳，負責主管剛成立的彰化銀行。一上任，就修改組織章程，調高臺灣人的聘任比例和薪資。彰化銀行是為了提供農民貸款而成立，卻迅速成為日本財閥在臺灣農產最富饒之地取得並壟斷融資的管道。他認為：「農經政策應來自為政者對民間疾苦最深的了解；農地學不是為了掠奪，而是為殖民土地長期的經濟狀況做考量。」「特權保障，常是無能職員的溫床。」

東鄉実經常訪察農民，認為提升農民生活，必須組合農民，成為自治團體，才能匯集力量，爭取權益——土地所有權、生產選擇權、農產銷路、農業保險制，以及避免雇主不合理的剝削。一九〇八年，他協助遊說彰化、臺中地區的農民繳交年所得的三十分之一做為會費，成立農民組合——農會。他指出：「個人權力脆弱，必須形成組合，唯有形成自治團體，才能提升位階。」

歐洲於十六世紀開始帝國主義殖民，產生許多弊端，如：黑奴販售、殖民戰爭、少數民族消失、種族歧視、浪費物質的消費、帝國暴利與殖民經濟蕭條、國際戰爭……。東鄉実認為，日本若自居亞洲帝國主義國家而發展殖民地，形同效法已近尾聲的西方帝國主義，為了自身利益漠視他國的民族意識，將重蹈悲劇。

東鄉実在一九一〇年寫的《台灣農業殖民論》中說：「歐洲數百年在世界各地的殖民，證實一個共通的道理：不同民族的管理，非常困難……不同民族的融合，不是以激烈的方式同化對方，不是強迫性的資源掠奪。」他認為殖民政府必須做到這幾點：贏得殖民區百姓的信賴，管理措施不受母國牽制，官員年輕有為且與民眾廣泛接觸互動，發展在地教育、學術與技術應用，普及民生基本設施，尊重殖民的風俗與組織。

教育普及——殖民者的恩典與正義

東鄉実認為不同種族的融合，是建立於「恩典與正義」。恩典來自管理者的苦心經營，正義來自管理者的忍耐。有恩典的經營，種族之間才有和平。有正義的基礎，才有正確的政策。「教育普及也是恩典的落實。教育無國界，能跨越種族藩籬。教育使人學習，了解不同種族的語言、文化，學習使人期盼更高的。種族融合，在於更高層次的文化認同——生活實際獲得改善的認同，共同利益的認同，共同信念的認同；其次是移民，讓不同種族的人在生活中實際接觸，一起工作，一起受教育，自由通婚。和平是在合作過程中自然產生的。」

他擔任總督府拓殖局技師時，主管「農改與移民事務」，在花蓮設置吉野（日本移民一六四九人）、豐田（日本移民九一二人）、林田（日本移民七六〇人）等移民村，使移民村成為臺灣人學習的模範，而非以武力同化。

東鄉実也是造就臺灣糖業蓬勃發展的關鍵人物。他寫道：「臺灣糖業面臨南亞諸國的競爭，尤其印尼爪哇擁有甘蔗生產的最佳環境，少有暴風雨，即使人為努力比臺灣少，單位面積的產量卻是臺灣的三倍。因此，臺灣糖業必須朝機械化發展，才有競爭力；需要實地研究，才能培育出適合臺灣環境、有獨特風味的新品種；需要讓農民知識提升，才能夠自發性的技術改良，而非單靠政府輔助與獎勵；需要認識國際市場的趨勢與競爭，才能認識自身缺點，不斷調整改進。如果糖業未機械化，缺少新品種，農民教育不足，不求進步，不與國際接觸，臺灣糖業就沒未來。」

意義重大的「臺灣教育令」

一九一六年，他指出：「日本治臺二十年，最成功的是衛生政策，最失敗的是武力鎮壓。未來，教育是最重要的投資。」他倡議成立一所大學，收臺灣學生，提供文政、理農的教育。「大學能產生未來在地領袖和中產階級，培養世界公民。」但是反對聲浪大。

一九一七年，第一次世界大戰爆發，歐洲需要物質，臺灣糖價大漲，年賺一億三千萬，他主張將錢轉往國民教育，這個「臺灣大學設立論」，促成第八任臺灣總督田健治郎表明要以普及教育為前提，廢除對臺統治的種種歧視，發布「臺灣教育令」，進而於一九二二年決定設綜合大學。

有人說日人在臺灣成立臺北帝國大學，是做為日本搶奪南方資源的前哨，但是大學成立於一九二八年，「南進政策」是一九三九年才提出。或說是為在臺灣的日本學生而辦，但是大學也收臺灣人。有人以為大學設立，是時代發展的自然趨勢，其實許多日本人因大學花費龐大而反對設立，是有心人扭轉了局面。

一九二四年，東鄉実回到日本，當選眾議員，持續推動臺灣成立帝國大學等級的高等學府。同年，他的好友幣原坦成為創校籌備會總長，一九二六年臺灣成立「文教局」，制定大學經費與人事；一九二八年，臺北帝國大學成立。

大日本帝國
臺灣特殊土壤分布圖
新竹州
台北州
台中州
花蓮港廳
新竹
台中
彰化
新高山

5

化荒地為良田的農化專家

涉谷紀三郎

しぶやきさぶろう

涉谷紀三郎（**1883-?**） 他是臺北帝大最博學的老師。當時臺灣有大片土地鹽分過高，若不改良土壤，不利耕種。經由他的努力，土壤鹽分降低，農業生產提高。

他畢業自札幌農校，曾縱橫走遍臺灣各地，調查島嶼可耕地的面積，分類土壤。

一九一二年，他提出第一份《臺灣土壤調查圖》（比例四十萬分之一）：臺灣可耕地面積為九十一萬三千七百九十三公頃，其中三十二萬公頃位在西部沿海貧瘠地帶，屬於「鹽分地」。他建議幫助居民進行排水，降低地下水位，用淡水來淋洗土壤。

他的建議，促使八田與一（1886-1942）建造烏山頭水庫。水庫功能之一在於淋洗改良鹽分地。後來，臺灣鹽分地少於六萬公頃。

這位功在臺灣的人，就是臺北帝國大學農業化學系的講座教授涉谷紀三郎。

日治時期前來臺灣的日本人，大抵可分三種：一種是為了搶奪資源，是日本「南進政策」的支持者；一種是想用移民身分，獲得更好的工作與生活；還有一種是為幫助臺灣，願意埋骨異鄉的人。涉谷紀三郎於一九〇八年大學畢業，隔年來臺灣，他寫道：「我期待以北海道大學所學的知識與技術，提升臺灣百姓生活水準，幫助臺灣產業、社會與民間文化。雖然我這種想法與殖民的政治目的相悖。」

改良紅壤與鹽分地

當時很多在北海道受教育的日本人前來臺灣。北海道是日本境內的殖民地，臺灣則是境外殖民地。這些來自北海道的日本人，因而對臺灣有更多同情與認同。涉谷紀三郎來臺後擔任「臺灣總督府拓殖局」技術人員，調查臺灣土壤。他認為：「提升臺灣的生產力，必須改良土壤，改善耕作，與改革農具。」

一九一四年，他提出：「臺灣紅壤的耕地面積約二十六萬五千公頃，可用石灰改良，種植甘蔗。」他又寫道：「臺灣先民讓水流過紅壤，淨化飲水。他們經常排水到紅壤表土，用流經土層的滲出水做為飲用水。紅壤中黏粒可過濾水中細菌，而臺灣紅壤的底部多為石礫，的確是良好的滲水層。」

他說明改良鹽分地的重要：「臺灣作物生產受到限制，因為淺層地下水位接近地表。地下水毛細作用，容易上升至地面，使鹽漬留在地表，逐漸形成鹽分地。改善臺灣農業的第一步，必須用排水溝降低淺層地下水。同時採深層耕作方法，使土裡的硬盤破碎，才能讓雨水發揮淋洗鹽地的果效。如果沒有用排水與深耕，不能解決鹽分地問題。改善臺灣農業生產力，必須靠排水或調控淺層地下水。」這是臺灣農業的重大決策——建造排水系統。

最博學的教授

一九一五年，他提出：「臺灣的土壤化育，較缺氧與磷，需要推廣綠肥栽種，增加氮肥。或從外海的小島棉花嶼（位於基隆外海）取鳥糞來做磷肥。」一九一八年，他調查彰化、雲林的濁水溪沖擊扇，寫道：「濁水溪附近的土壤，是臺灣最肥沃的地區。但是濁水溪的沖積土為黏板岩，多砂質壤土，土壤微鹼含鈣多，若種綠肥，將成產量最高的地方……但是該區域海風較大，砂土易揚，要經常灌溉保持土壤潮濕，防風蝕與飛砂。」這對於雲林、彰化農地的地利維護，是非常重要的建議，總督府也照他的建議去做。

一九二〇年，涉谷紀三郎轉任「中央研究所」農業部長。一九二八年臺北帝國大學成立，設文政學部與理農學部，他擔任「農業化學第一講座」，開創農業化學系。他是學校初創時期最高決議評議會的

七位委員之一，熟悉各處的土壤、植物與氣候，被譽為「臺灣最博學多聞的老師」。

為臺灣的土壤效力

任教期間，他持續研究臺灣土壤微量營養分需求、水稻需肥量、陸稻的石灰改良、濱海地區的土壤改良。他寫道：「土壤改良必須澈底，才見成效。」他持續推動排水工程，並根據土壤排出水分中的溶解性鹽類來檢核成效。

一九三五年，他發起「臺灣技術學會」，促進不同技術相互溝通與協助，跨領域的分享成果、培育人才，解決問題。一九三八年，他擔任會長，副會長是八田與一，一個從土壤，一個從水利，共同改善臺灣農地。他也推動將人畜糞尿轉換成氮肥，施用在田間的技術。一九四三年，他擔任土壤肥料學的授課老師，是臺灣土壤肥料的先驅，對土地改良很有功勞。

他投注一生最美好的時光，為臺灣的土壤效力。他寫道：「臺灣氣候溫暖，日光充足，降雨量足，土壤肥沃，適合耕作的面積多，又有季節風等美好的因子。臺灣的農業本該富足，是上天的恩典。」

我的碩士論文指導教授徐玉標教授，於臺灣光復初期就讀臺灣大學農業化學系，後來從事新竹沿海與臺南學甲地區鹽分地的改良，他告訴我許多臺灣土地改良的典故，大都與涉谷紀三郎有關。徐玉標老師退休後，我接續任務。我所學的與涉谷紀三郎有關，我所做的也與他類似，但是我對臺灣的貢獻遠不如他。

6

臺灣植物檢疫制度的開啟者

三宅勉

みやけつとむ

三宅勉（1880-1972） 他在札幌農校專攻「植物病蟲害」，來臺灣後發現當局為了讓農業增產，自國外引進許多農作物種苗，卻也引進了各種病蟲害，反而對農業造成傷害。於是他推動實施植物檢疫制度，落實把關，維護種苗的純淨，保護臺灣本土農業。

臺灣氣候潮濕、高溫，從境外進口的種苗，若有病菌，很容易傳播。三宅勉擔任總督府林業病蟲害技師，嚴格要求檢疫。

他建議總督府成立植物海關防疫與檢查制度，並且在臺北農試場開課教授「植物病蟲害」、「氣候與生物」等課程。

因為，想要農業增產，最易犯的錯誤就是抱存僥倖心態，不經檢定就快速引進國外品種，結果也引進了病蟲害。而臺灣的農產品要向世界輸出，必須嚴格檢疫，才能受到國際信任。

三宅勉生於日本東京，是農家子弟，從小家窮，努力讀書。一九〇〇年，他以公費生身分前往北海道，就讀札幌農校植物病蟲害科。在學期間，他的老師宮部金吾（1860-1951）稱讚他「勇猛、果敢與敏捷」。一九〇四年畢業，老師留他擔任「樺太島植物調查員」。

深入原始森林做調查

樺太島（又稱為庫頁島）早期人跡罕至，島上都是天然林。一八五八年，俄國佔領樺太島，大肆伐樹。一九〇四年，日俄戰爭，俄國割讓樺太島給日本。日本政府命宮部金吾負責調查樺太島的植物相，他帶三宅勉與幾個在地居民進入原始林。

三宅勉寫道：「樺太島天然林的調查工作非常艱苦，不僅要背著糧食、生活用品，還要抬著船，遇到溪流就得划船渡溪。有時，走了好幾天也不見人影，什麼樣的人會投入這種工作？我的老師卻一直懷抱著工作熱忱，對人跡罕至的地方興趣濃厚。」

樺太島植物調查期間，宮部金吾已經發現，從前俄國人來到這裡，伐木不當，造成許多樹木受傷、死亡，有些地方成為一片枯木林。一九〇九年，宮部金吾推薦三宅勉前往英國學習「森林病蟲害」、「森林復育技術」。

一九一〇年，三宅勉學成後即將歸國，宮部金吾卻要他前往臺灣，擔任總督府林業病蟲害技師。因為他們在樺太島的工作即將結束，宮部老師期許他換個地方繼續研究、調查、解決問題。三宅勉到了臺灣，總督府派他去「糖業試驗場」任職。當時，臺灣製的糖，製成後會漸漸失去甜味，原因不明。三宅勉欣然就任，他寫道：「我與宮部金吾老師一樣，對陌生的地方充滿興趣。」

解開糖的甜味漸失之謎

不久，三宅勉發現：「臺灣氣候潮濕，糖會水解。微生物將糖溶解的甜味代謝掉，因此糖失了味，就不再甜。」這個發現很重要，他向總督府建議，製糖場只能設在乾燥的臺灣中南部。一九一三年，他指出甘蔗不能抵抗強風，臺灣東部是颱風經常登陸處，不適合設立糖廠。一九一五年，他在臺南發現甘蔗「枯萎病」，又提議：著眼於長期的糖業發展，需要讓蔗田土地休息，應採輪作方式，不能一直種甘蔗。

同年，他自爪哇進口木瓜，在輪作田區試種成功後，便向民間推廣，讓民眾在住家附近種木瓜。他指出：「木瓜多產，每四五天吃一粒，可提供營養。木瓜長得快，是可口的水果，葉子又可遮蔭。」

對進口種苗嚴格檢疫

一九一九年，他發現有些爪哇輸入的甘蔗苗有病菌寄生。他率先要求蔗苗必須消毒後才能栽種。三宅勉寫道：「想要農業增產，最易犯的錯誤是存僥倖心態，將國外品種快速引進，不經檢定，結果病蟲害也引進來。」

臺灣氣候潮溼、高溫，引進的苗木若有腐敗，病菌很容易傳播。三宅勉要求所有進口苗木在上船之前，就須派人檢定，就地去除腐敗，連包裝也要檢查，以免夾帶病蟲。抵達臺灣後，苗木必須消毒、塗藥，才能長得堅實。在他要求嚴格檢疫之下，輸入的苗木合格率由八九%降低到五一%，許多苗木都被打回票，使得他得罪許多人。同年，大島金太郎請他來臺北農業試驗場，開課教授「植物病蟲害」以及「氣候與生物」、「生物病菌檢查」。他授課特別強調「不同氣候地區的植物，不要隨便輸入」，植物適應氣候是千百年之久，不該因為一時的需求而貿然引進。

一九二六年，三宅勉到荷蘭考察，他看出荷蘭花藝、種苗舉世聞名的關鍵，是嚴格篩檢種子、維護種苗的純淨。他寫道：「國家要友善農民、提升農產，必須純淨種子，否則病蟲害滋生，農民再多的努力也浪費。」

催生植物海關防疫與檢查制度

返臺後，他向總督府建議成立植物海關防疫與檢查制。同年，他成為首任「植物檢查所所長」，一直擔任到一九三三年卸任，將職務交接給下一任所長，使這職務有任期制。他在民間繼續推廣防治植物病蟲害的工作，他寫道：「植物檢疫工作要成功，需要堅強的意志，否則一遭反對信念就動搖，寄生蟲、病蟲害就趁虛而入。檢疫絕對不是無意義的工作，檢疫證明單不是隨意填寫。臺灣的農產品要向世界輸出時，也要嚴格把關，若是檢查寬鬆，使病蟲害擴大，臺灣的農產品將失去國際信任。嚴格檢查才不會失去機會，美好永遠不嫌遲。」

他要求臺灣平地植物移種到山區，也需要檢疫，否則「對山地的居民，是信用的傷害與感情的傷害」。一九三六年，他提出宜蘭氣候潮濕，不能植蜜柑，否則容易染上「立枯病」。一九三七年，他提出作物鏽病的檢查方法。

透現戰爭的謊言

一九三九年，日本準備發動戰爭，提出「工業日本，農業臺灣」的政策。三宅勉不以為然，認為這是殖民主義凌駕於農民利益之上。三宅勉認為，日本在臺灣的農業政策，如果只顧眼前的利益，卻忽略農村的環境衛生，忽略農地的灌溉與排水，忽略農業資料的長期建立，忽略農業顧問的質問，忽略農耕與工程的結合，忽略引進植物必須檢疫，忽略農業制度與發展的健全，那麼，日本即使擁有再多的土地、再多的生產，比起歐美諸國的農業發展，日本仍然不是世界第一等的國家。一九四〇年，農業欠收，總督府開始實施「糧食配給」，把大批糧食送往戰場，三宅勉反對不成，就辭職了。三宅勉回日本後，聽說政府要招聘他到滿州，以他曾赴樺太島的經驗，開發日本佔領區的農業生產，他不想配合，幾乎隱姓埋名。日本戰敗投降後，他在東京都林務局擔任森林保護的職員。

一九七七年，我在臺灣大學農藝學系修「雜草學」，緬懷這位大師一九三五年首開這門課，認同他說的：「農作管理在於認識種子，與提高種子的純淨度。」

7

蓬萊米之父

磯永吉

いそえいきち

磯永吉（1886-1972）　他致力改良臺灣稻米品種，多次試驗失敗，終於成功種出優質好米，讓臺灣絕大部分的水稻田都種植改良品種，對臺灣貢獻極大。烏山頭水庫也因而興建，嘉南平原的水稻田得以灌溉。磯永吉培育的蓬萊種稻米，幫助農民收入提升，不僅改善農民生活，也改變了臺灣農業，被稱為「蓬萊米之父」。

蓬萊米育種成功，許多人歸功於臺北帝大農藝化學講座──磯永吉。

當時臺灣缺乏稻米育種人才，沒有良質米種，種出的稻米品質不佳，影響米價與農村經濟。

磯永吉致力改良米種，篩選優良種子，淘汰劣種。經過品種改良加上栽培技術提升，終於種出臺灣代表性的稻米──蓬萊米。

當然，蓬萊米的成功，背後還有許多人長期的默默耕耘，有學者、農業試驗場員工、農民、米商。

如今，我們碗裡好吃的米飯，是這些人共同努力的成果。

磯永吉是日本廣島郡福山市人，他的家鄉可能是春秋戰國時代，日本最早與中國接觸的地方，有些燕國人前來此處耕種。以後千年，仍是日本「漢學與農業教育中心」。磯永吉小時候讀廣島的「日彰館高等學校」，受到高浦豊太郎老師的影響，喜好漢學與農學。一九〇七年，他以公費生前往札幌農校讀農學科。那一年，札幌農校改名為「東北帝國大學」（1918 年又改名為北海道帝國大學）。在校期間，他深受「作物育種學」教授明峰正夫（1876–1948）賞識。

學習作物育種

明峰正夫是日本明治時期最著名的作物育種專家，在北海道育出耐低溫的水稻品種，造福北海道拓荒的農民。他在校教「作物學」與「育種學」，課餘會帶認真的學生到學校的「農業試驗場」，個別指導作物栽培與育種，再從中挑選特別用功的學生，更進一步的指導他們「純系分離」、「育種檢定」技術。他稱「水稻培育」為「稻道」（類似「武士道」）。他告訴學生：「從事作物育種與栽培的研究，需要經驗、觀查與長期的等待。」

磯永吉後來寫道：「在寒帶區育種低溫水稻，與在熱帶區培育高溫水稻，原理是一樣的。當政治當局急功近利的獎勵農民，以為就可以種出高品質的作物時，我想起老師的榜樣：關鍵的突破，長期科學性的觀察，持續的技術改良與栽培法的改進。」

明峰正夫是基督徒，他教導磯永吉：「人類原本居無定所，能定居下來的關鍵，就是認識作物的營養價值，並且找到栽培方法。不同的年代，人類育出的作物品種不同，但是每種傳統作物的品種都不容忽視，有其價值。」他又教導學生：「作物育種與栽培要能普及，靠的是農民的自發性，而非政府的威權命令。」這些教導，成為磯永吉日後工作的信念，他一直站在農民那一邊。

確立臺灣稻米生產方向

一九一一年，磯永吉大學畢業，他在畢業時成為基督徒。明峰正夫建議他前往臺灣協助稻米品種改良。當時臺灣極缺稻米育種的人才，沒有良質米種，稻米品質不佳，導致米價低廉、農村經濟不振。磯永吉後來寫道：「臺灣稻米品質未能提升，是因為稻米品種摻雜。即使是良田，種植的也並非優質的精選米，而是混雜種著各種赤米、茶米、烏米、稗子等等。」

一九一二年三月，磯永吉偕新婚妻子仁平達子，來臺灣擔任臺灣總督府農業試驗場助理技術員（技佐）。他一來，農業試驗場場長藤根吉春就非常器重他，委任他負責稻作改良。他到處視察，發現總督府的稻作計畫只追求產量增加，不在意品種改良。他建議：「應該以改良臺灣稻米品質為優先，而非各種品系的稻米都追求產量增加。首先要做的是品種試驗，淘汰劣米。」

改良稻米品質遇瓶頸

一八五九年，總督府殖產部部長早田文藏，就曾嘗試改良稻米品種。他成立臺南農試場（1897）、臺中農試場（1899）、臺北農試場（1901），主要任務就是在臺灣試種日本稻米，做為品種改良的基礎。

舉凡日本江戶時期、明治時期著名的稻米品種，當時臺灣已經試種過一百四十五種，但是由於日本稻米的生長期較長，有別於臺灣二期作的栽種制，因此這些日本品種都不能適應臺灣的長日照，結穗很少。為了提高效率，總督府提升農試場層級（1903），設立「臺灣總督府農業試驗場」直接管理。總場設於臺北，聘人專門在「米作試驗田」改良米種，但是效果依然不彰。

初步突破

為了協助臺灣稻米產量增加，一九一二年，長崎常前來臺灣，擔任殖產局農務課米麥改良主任。他大力改良「在來米」（臺灣秈稻碾出的米）栽種方法，在屏東與高雄獲得顯著成功，產量大增，以致影響了總督府的政策改變。

起初，磯永吉在臺北進行的「米作試驗」全都失敗。他發現日本品種結穗偏低，主要是臺灣的溫度與濕度太高，導致日本品種開花時間太短，授粉率低，遠不及臺灣的品種。一九一三年七月，他將臺灣本土種的「短廣花螺」（稻米型態近似日本的「圓粒型」），試種在日本江戶種附近。沒想到風吹產生異花授粉，結果江戶種的結穗率稍增。磯永吉向明峰正夫報告這個初步發現，明峰正夫據此判斷，日本稻米在臺灣種久了，品種特性漸有改變，逐漸適應在地環境，甚至與完全不同的稻系有雜交現象，因此他建議磯永吉繼續改良日本水稻品種，不要放棄。

篩選優良稻種

同年十月，磯永吉篩選臺灣稻米品種，看到收穫的種子大小不一，輕重不同，他將種子放入鹽水中，以比重計篩選沉在水中不同大小、輕重的種子，選取比較重的。因為「優良的植物，必須來自優良的種子」。

一九一四年，磯永吉以孟德爾的遺傳學為基礎，提出「純系分離」，篩選臺灣稻米的優良品系，淘汰劣等。同年，他以這傑出的研究，獲得藤根吉春賞識，升任臺北農業試驗場技師，兼任臺中農事試驗場米質改良的監督工作。磯永吉快速升遷，引起同事嫉妒，攻擊與中傷的話不時傳出。當時總督府在臺灣的技師編制才六十名。

他擔任總場技師，地位很高，又負責臺中農場水稻品種改良。他必須跑得比批評的話語快，否則會陷在泥淖中難以前進。

當時臺中是臺灣民族運動的中心，民智先進，群眾參與度高。這樣的情況讓他頗為意外。一九一五年，臺中廳農會成立「稻米育種場」（位於臺中新公園旁），向農民收集彰化、臺中的稻米品種。雖然政治上受到打壓，但是中部地區農民仍主動提供種子，積極參與臺灣稻米改革。磯永吉以臺中農業試驗場做為主要的試驗場地，許多農民也願配合進行試種。

磯永吉徵調一批稻米改良專家前來臺中農業試驗場，包括末永仁（主任），古寺堯喜、蒐田屋、豐田俊五郎（技術員），陳金德、莊金元、森山鞆次郎、西口逸馬、大森茂、荒平軍平（見習生）等人，這批人成為水稻育種的核心。當時的見習生是農校推薦來的，磯永吉寫道：「優秀的工作夥伴，是品格方正、意志堅定的人。」

腳氣病專家——久保隆三

此外，腳氣病專家久保隆三也前來協助。久保隆三是一九〇一年札幌農校農學科畢業，被陸軍徵召，以他的食品專長，幫日本海外駐軍官兵減少「腳氣病」發生。

一九〇九年，久保隆三升任陸軍中尉，剛好派駐臺中，他一面擔任軍職，一面擔任臺中地區的農民種植顧問，深受敬重，後來還擔任「稻米品評會」與「秧苗評審會」的總議長。他寫道：「米粒改良是守株待兔的工作，看似愚昧，但是日後農村的重大進步將由此開始。」久保隆三在南投深山與原住民接觸後，認為以糧食兌換原住民的槍械是最好的方法，但未獲採納。他後來退出軍職，擔任臺中州產殖廳廳長，全力支持稻米品種改良。

品種改良高手——末永仁

後來臺灣稻米品種能夠改良成功，負責田間試驗的末永仁（1886–1939）貢獻很大。末永仁是日本福岡縣大野村的農家子弟，一九〇五年畢業於「大分縣農學校」，而後任職福岡農事試驗場。一九一〇年三月，他到臺灣嘉義農場（1905年創立）從事稻米品種改良工作，也負責栽培柑橘、蔬菜、景觀樹苗。末永仁寫道：「農場土地狹窄，且接近嘉義公園，常有行人誤以為試驗農場是公園，進來四處遊逛，任意摘取蔬果。農場應該變更位置。」不久，他又寫道：「臺灣農業試驗發展不順利，問題出在管理機關經常更換，聘用人員失當。有的人無法長期忍受枯燥的育種工作而離去，有的人喜愛鄉土卻知識低落，無法進行研究……變成在做表面工夫，讓人沒有餘力從事基礎試驗研究。」

當時，改良日本米被視為不可能成功的任務，他仍然每天清早五點就到試驗田查看種植成果，非常努力，連中午也在田間吃便當，到晚上才離去。試驗任務一時難以成功，雜務又多，末永仁本想離去，他寫道：「臺灣農民生活困苦，遇到災害、欠收、米價太差，只能賣兒賣女，甚至妻子要到茶室工作，一家才能生存。」他也是農村子弟，對臺灣農民深感同情，決定留下來為改良稻米而努力。

品種改良與栽培技術並進

一九一五年三月，磯永吉到臺中農事試驗場的第一件工作，不是試種水稻，而是申請徵調末永仁前來協助。末永仁前來的主要任務是改良水稻品種，但是磯永吉也告訴他：「這個工作被許多人認為是徒勞無功，需要長期投入。而解決問題的關鍵，不只是培育出新稻種，也包括提供新稻種的種植技術。」

一九一七年，磯永吉寫道：「臺灣日本稻米（內地種）的試驗無法一蹴而就，需要同時改良『在來』種，才能讓地力充分使用。」他改良在來米的方法，是從臺灣一千多種米之中，篩選出九十九種比較好的米種，而後再選出米粒較重的品種，給末永仁在臺中進行栽培試驗。

米騷動事件

一九一八年，第一次世界大戰結束。戰後世界各國都缺糧食，米價飆高，物價不穩定。農民生產稻米卻沒錢買米、無飯可吃，日本本土因而爆發超過兩百萬農民抗議的「米騷動事件」。臺灣總督府受到日本很大的壓力，要求民間生產大量稻米，不必管米質如何提升。堅持改良米種所承受的壓力難以言喻，末永仁首當其衝，但是磯永吉以自己有限的經費全力支持他，鼓勵團隊「為大局著想」。

一九一九年，末永仁改良在來米，獲得技術性突破，他用日本九州的「內神力」品種與臺灣「花螺系的早大花」品種雜交，結出稻米，煮後飯香、米白、黏性高。這個成就讓他升任技師。不過，改良後的品種還不算是優良米。而磯永吉則始終抱持樂觀：「稻米品種的改良，有如天惠，有著我們目前未知的微妙，一旦突破，就是飛躍式的。」

種出營養價值高的新米種

一九二〇年，末永仁又種出新的米種，這種米用水洗不易破裂，乾燥時米粒不易龜裂，而且與日本本地的稻米外型相似。當時有人批評，在臺灣種出與日本稻米外型相似的米，哪算是改良成功？於是磯永吉對末永仁培育的新品種進行營養成份（碳氮比）分析，發現這種圓狀型的米粒，碳水化合物含量較高，是營養價值較高的米種。

兩年後，末永仁又提出新品種的栽培法：栽種前需要整地，種子需要先乾燥儲存，栽種後種子要浸泡水，先長成秧苗再移種，土壤的施肥量需要高一些。

竹子湖育苗——平澤龜一郎

一九二三年，臺北州內務部勸業課的平澤龜一郎，向磯永吉建議，陽明山的竹子湖可做為日本稻米雜交的試驗場。平澤龜一郎是一九二〇年來到臺灣的，他喜愛爬山，是「臺灣山岳會」發起人。一九二一年，他來到陽明山竹子湖，發現那裡竟然生長日本「中村種」水稻。中村種是日本非常著名的水稻品種，一八九九年從日本移植到臺灣。剛開始在萬里試種，失敗後移到金山試種。一九一二年，「中村種」在金山試種又失敗，就已放棄。沒想到有原住民獲得稻種，種在竹子湖，一直傳下來。

平澤龜一郎建議日本稻米的培育，可以從竹子湖開始，那裡溫度低、日照短，氣候接近日本九州。這個建議，是水稻品種改良成功的一大轉折。為什麼平澤龜一郎會注意原住民種稻子？他曾說：「用武力治理，是武斷的決策，應該把土地還給原住民，教他們學習耕種作物。他們有土地耕種，就不會到處流竄，也就不會因為處處被限制而引發抗爭。」

磯永吉在竹子湖以培育中村種水稻為主，與其他日本品種雜交，秧苗壯大後再找臺中州的篤實農家栽種。一九二三年，新稻品種的中村種在臺中豐原、神岡等地稍有收成，其他地方成果不佳。

烏山頭水庫復工

就在此時（1923），日本發生關東大地震，損失慘重，連帶影響臺灣總督府的經費，許多重要建設，包括著名的「烏山頭水庫」興建工程（1919-1930）都喊停。一九二四年，磯永吉與末永仁使用「中村種」的改良種，在嘉義試種「嘉義晚二號」，結果大豐收。

磯永吉做事總是默默低調進行，不對外張揚，他認為這次能夠成功，是因為嘉義這一年的氣溫正好比較低的緣故。然而「嘉義晚二號」稻米豐收，米粒充實，喜訊在民間傳開，引起總督府重視。總督府決定再投入大筆經費建造烏山頭水庫，期待提供豐沛的灌溉用水，可讓嘉南平原大量生產改良水稻。磯永吉後來寫道：「當年推出『嘉義晚二號』，米檢局認為這非良質米，勉強同意。沒想到蓬萊米的各品種中，對臺灣建設貢獻最大的就是『嘉義晚二號』」。

同年，改良品種在彰化地區卻收成不佳。磯永吉與末永仁著手培育可以早點採收的「早熟種」，期待避開七月颱風，減少水稻稻稈倒俯。

蓬萊米受總督府肯定

一九二五年，臺北帝國大學聘請磯永吉為「農藝化學科」助教授，同年十月，臺灣農業部部長大島金太郎，邀請總督伊澤多喜男（1869-1949）參觀磯永吉的育種。一九二六年四月，臺北「臺灣鐵道飯店」舉辦食米品嘗大會，總督品嘗之下，對這新品種的米大加讚賞，給這米取名為「蓬萊米」。外人看來，這是很大的成功，磯永吉卻寫道：「蓬萊米獲得總督肯定，經過多年辛苦，終於揚眉吐氣。然而，五月獲獎，七月稻熱病發生，蓬萊米收成慘淡。獲獎的稱頌，瞬間化為無情的責難，我在災區視察，心中極其痛苦。原來，光榮與試煉是綁在一起的，一時的歡慶，也可能會變成長期痛苦的記憶。」

稻米欠收，雖然農民沒有向磯永吉抱怨，但是磯永吉卻覺得自己好像是欺騙了信任他的農民。磯永吉與末永仁持續推動品種改良，使蓬萊米的栽種符合「廣域性」、「豐產性」、「抗鹽性」以及「抗蟲性」，其中又以攸關穩定生產的「抗病性」為優先。

綠西功臣——黃紀

一九二六年七月，位於彰化線西「泉州厝」一個名叫黃紀的農民，種了一分地的水稻，竟然大豐收。線西是彰化「風頭水尾」的所在，海風大，河水受感潮影響，土壤帶鹽份，農民素來只能種地瓜與蒜頭。那種地方能夠種出稻米，而且還大豐收，磯永吉與末永仁立刻前往了解，問他是怎麼種的？黃紀說：「照指導的步驟，一步一步來。」磯永吉取他的米穗，到竹子湖培育，再送到線西、鹿港、北斗、大甲等海濱地區試種。這是很冒險的行為，萬一沒有收成怎麼辦？

一九二七年，由於失敗多次，即使一再鼓勵農民，參加試種的只有三十甲地。更糟的是，那年日本受到國際市場蕭條影響，米價大跌，稱為「昭和恐慌」，臺灣要種好米賣到日本獲利的誘因，一時也沒了。然而磯永吉不氣餒，他堅持改善米種，幫助農民，不掙短利，而是長期福祉。他寫道：「良政來自有識之士，看到長遠功效，而非時勢起伏，爭取短暫功勞。」

花壇功臣──李鵬儀

當時，農民與米商的關係惡劣，米商被農民認為是貪心、偷扣米糧的奸商。彰化花壇有一位米商名叫李鵬儀，以為人公正、生意公平，頗得農民信服。一九二七年，看到磯永吉、末永仁的努力，即使已經獲得總督府肯定，還在持續改良米種，李鵬儀因此出面鼓勵農民種植試驗米種，他願意認購所有試種面積的收成，農民這才肯投入，試種的田地將近百甲。沒想到那年發生稻熱病，蓬萊米幾無收成。但是李鵬儀依照約定付了款。

磯永吉與末永仁又以改良種抗病的品種雜交，沒想到一九二八年大旱，水稻又沒有收成。他們再育「抗旱種」，再種又遇颱風，仍然沒有收成。李鵬儀花掉一萬五千金圓，他的碾米廠空了三年，沒米可碾，幾乎破產。磯永吉與末永仁對他的遭遇「深感同情」。新稻種的成功推廣，除了要要有好品種，還要用合適的栽培法，並配合在地氣候，他們以日本抗蟲品種「龜治」，與生產佳的品種「神力」交配，稱為「臺中65號」。

一九二九年，「臺中65號」試種，李鵬儀持續認購，甚至收購面積擴大到一千五百甲，這是當時臺灣的大新聞，很多人封他「大馬鹿者」（意即大笨蛋）。那一年風調雨順，大甲、員林、北斗、伸港、線西、秀水等地的蓬萊米大豐收，收成是以前在來米稻收成的三倍。那年，日本度過「昭和恐慌」，米價大漲。李鵬儀那年賺的遠超過前三年賠的。他被稱為米商界的先覺，更重要的是彰化花壇因為他而成為臺灣「碾米中心」。一九三〇年，臺灣百分之七十五的水稻面積都種蓬萊米。

在磯永吉與末永仁不計毀譽的持續改良、李鵬儀不計成敗的大力支持之下，種植蓬萊米成為臺灣農村的全民運動，臺灣百年來的水稻栽培習慣至此完全翻轉。「臺中65號」就是臺灣最早廣種蓬萊米的品種。磯永吉寫道：「這是蓬萊米的最佳品種。」

發展立體農業

也在這個時候，「霧社事件」發生（1930-1931），軍民多有死傷，凸顯總督府長期以武力威逼方式管理原住民的政策失當。磯永吉與平澤龜一郎建議總督府應該「還地於民」，在海拔六百公尺以下的山區，選擇土石穩定的地方，教導原住民開闢梯田，幫助開鑿水路引水灌溉，種植稻米，並建造衛生較佳的農舍，免費提供給願意配合的原住民。他們認為，山區若能生產經濟價值較高的作物，原住民願意投入農耕，可使原住民安居樂業。

引導原住民在山區開闢梯田種植水稻，磯永吉稱之為「臺灣的立體農業」，並舉出「立體農業」有許多優點：

- 梯田高處植樹，下方種水稻。以高處落葉做為下方水田的肥料，形成臺灣最早的森林有機田。
- 山區生產的農作品質高，市場價格較高。
- 山區梯田，強風處可配合種防風樹林，讓植樹有新的意義。
- 山區溫度較低，植物病蟲害少，利於耕種。
- 山區旱作，可種茶、花生、咖啡、鳳梨、薑黃等。

淺山農作經營

磯永吉是結合森林保育與低海拔山區農作經營的第一人。他顧念原住民在山區的生活穩定，有經濟獲因，才能免於強迫原住民低薪工作，避免霧社事件的不幸再發生。他也提出臺灣的淺山農作，與平原區不同，經濟價值最高的作物是藥草，其次是纖維、植物油脂，最後才是糧食。

磯永吉認為無論是在山區或是平原，種植品種必須是高品質的「精品」，日後在市場上才有競爭力。而「精品」來自不斷的育種與研究改良。他沒想到這個建議，在總督府引起軒然大波。同年，磯永吉擔任臺北帝國大學作物學講座與農場場長。

讓原住民留在山區耕作

自一九二〇年以來，總督府的「理番政策」，就是對原住民武力鎮壓與強力遷移，將原住民自高山遷到平地，方便管理。留在山區的原住民無法謀生，只能伐木低價賣給日本財團，是對不肯遷移的懲罰之道。磯永吉卻主張讓原住民在山區種植作物，與總督府的政策背道而馳。一些官員對磯永吉的主張表示反對，理由是：管理原住民是警務局的任務，生產稻米是殖產局的事，不要撈過界。

沒想到，最先以行動支持磯永吉的，是新竹州的警察。他們認同「用武力對付原住民是沒有用的」，他們寧願配合殖產局，在山區教原住民種水稻，給原住民蓋衛生較佳的房子住，也不願用威逼手段讓原住民就範。很快的，臺北與其他地區的警察也以行動支持。

無人工肥的有機耕作

磯永吉相信，讓原住民擁有土地，他們就會留在自己的部落種田。「森林的落葉，是自給的肥料，種出來的是屬於無人工肥的栽培。總督府應該獎勵在山區安全耕作，使耕種者與政府皆可獲利，不只收穫量增加，收穫的種類也可多樣，合宜的耕種技術自然會跟上。」

有人提出山區種植應該種番薯，磯永吉反對，他認為：「在有水的地方，應該種植水稻。番薯單位面積產量雖然多於水稻，但是番薯不能久存，貯放易變質，不利於運輸不便的山區。種番薯反而不如種小米，小米的保存期比水稻更久。在缺水的地方，鼓勵種小米、小麥、花生等，皆可生產良好。」

關於「烟田」的爭議

當時，另一個爭議來自原住民「烟田」（燒田）的習慣。日本學者認為這個做法容易造成森林火災，若讓原住民使用山區土地，等於放任他們破壞森林。對於以「烟田」為由，否定原住民應在原始森林發展農作的主張，磯永吉大力反對。磯永吉寫道：「早期平地的水田，也是來自沼澤地，利用乾燥期間種下稻的幼穗，築溝引水。旱田的起緣，也是砂礫地自河底攏泥，或是自沼澤客土而來。」

磯永吉解釋，原住民在住家附近砍伐小面積的樹木，讓陽光射到地面，草本植物長出，再砍伐草莖，引火燃燒，並不致於形成火災。而後種田，幾年後，草木肥份用盡，原住民再植樹，搬遷他處。過幾年，樹木成長，他們再返回。「烟田」的本質，是原住民透過「烟土」，可以快速獲得種地空間與灰燼做為肥料。這是原住民與自然共生的法則，而且他們會循環植樹，不應被簡化視為「焚燒森林」。

磯永吉認為「烟土」與局部伐木，「加速土壤深層的風化，用淺耕耕作，達到深耕的果效，並使土壤深層肥沃，排除深層岩層妨礙作物生長。」當時認同磯永吉的主張，支持淺山農業經營，讓原住民「烟田」耕作而非遷移平地的人，是臺北帝國大學農業經濟講座奧田彧（1893-1961）。他大力反擊「烟土」不利森林的錯謬。在他們建議、爭取之下，臺東、花蓮、宜蘭山區闢出許多梯田，引水種植水稻。

磯永吉繼續提出：「必須小投資，長布局。嚴格要求栽種技術，鍥而不捨的改善。」精良的品質是不斷淘汰次級品，即使眾人已經滿足於次級品。他與奧田彧也提出，山地和平地的小農耕作應直接販售給大盤商，而非被中間商人層層剝削。他們也反對政府對農產品制定保證價格，「這將使農作失去研發動力。」

旱作推廣

水稻品種經過一再的改良後，濱海地區的水稻收成增加了，但是農藝科學不可能無限制的改良品種，只能將水稻改良到可以適應生長環境的程度。一九三三年，磯永吉建議臺灣海濱要廣種防風林，減少水稻倒俯，在他建議下，濱海的防風林超過三百萬株。

一九三五年，他培育小麥，建議嘉南平原、烏山頭水庫實施「三年輪灌」，缺水的時候可以種植小麥，他寫道：「臺灣可以種出高品質的小麥。」

苧麻推廣

磯永吉也建議在臺灣河濱旱地種苧麻，提煉苧麻油。苧麻油可做醫學用藥，苧麻纖維可做手術縫線，加工品具有高經濟價值。一九三八年，受到日本對中國發動戰爭的影響，臺灣開始實施「稻米專賣制」，取消糧商的稻米交易，人民只能得到政府少量配給。磯永吉大力反對，他寫道：「農作改良是日本對殖民地最好的投資與嘉惠。高壓管制，逼迫生產，威逼農民，這種政策與匪賊無異。」

戰爭動員

中日交戰，日軍進攻上海，發生松滬會戰，日軍派戰機轟炸上海、南京，導致百萬人口向中國內陸逃難。一九三八年二月，臺灣總督府派磯永吉前往上海、南京視察，看如何種植作物、生產日軍所需糧食。磯永吉回報：「灌溉水路都炸壞了，無法栽種。」總督府不聽，同年四月組織一千人的農耕隊「農業義勇團」前往上海，效果果然不彰，第二年，一半以上的參加者都被解雇回到臺灣。一九三九年二月，日軍佔領海南島，再度派磯永吉前往指導在地人種植臺灣農作。磯永吉回來後報告：「氣候不同，臺灣農作無法移植到海南島。」

一九四〇年，日本推動「皇民化運動」，更加強力壓迫反對者。磯永吉被選為農民代表，總督府要他向農民施壓，農民要他向政府陳情，他兩面難為、飽受批評。

一九四二年一月，臺灣農業義勇隊解散。同年四月，日軍佔領菲律賓，總督府本想再派磯永吉前往。五月四日，日本派往菲律賓一千多名的「南方經濟挺身隊」，所搭乘的船被魚雷擊中沉沒，一批傑出的日本技師陣亡，其中包括烏山頭水庫的建造者八田與一。磯永吉因而繼續留在臺灣。

一九四四年十月，磯永吉到陸軍參謀總部陳情：「為了戰爭，參謀本部責怪臺灣農業動員不力，產量不足，又要農民參與全島防衛。徵用豆子，卻怪豬隻營養不良。快速搬運，卻怪豬容易死亡。拋棄農業生產政策，卻怪生產沒有進步。農業生產也需要投資，不能為了軍需而奪走一切，卻怪農民配合不足。」那時日本已在太平洋戰場節節敗退。同年，盟軍大空襲，大批軍民死亡，大量建設被炸毀。

蓬萊米之父

一九四五年，日本戰敗投降，但是磯永吉仍持續他的工作，留在試驗農場栽種甘藷，培育新種。隔年，許多日本人都遣返日本，磯永吉卻留任。他留在臺灣大學農藝學系作育人才，並擔任農林廳顧問，持續改良臺灣農作物，他也看到蓬萊米被推廣到許多國家，讓臺灣的農產精品嘉惠世界。

一九五七年，磯永吉退休回到日本，擔任山口大學教師，後來病逝。他被稱為「蓬萊米之父」、「臺灣農業的恩人」，但是他生前從來不居功。他的個性謙和，重視團隊合作，努力培養後進。他曾多次飽受責難，但是栽培優質的稻米品種是他一生的最高使命，勝於外界的褒貶。

磯永吉不是高抬自己成就的人，他留下許多幫助蓬萊米改良的農夫名字：基隆萬里（現隸屬新北市）的郭扁、臺北竹子湖的高廷國、臺中大甲的郭燕擯、彰化線西的黃呈續、彰化員林坡心的黃約、臺中梧棲的王文進與簡東進、雲林西螺的廖學昆等等。他特別感謝廖學昆對於「嘉義晚二號」的栽種，盡心程度可謂「廢寢忘食」，才使西螺、虎尾地區蓬萊米生長良好，確立「嘉義晚二號」可在嘉南地區廣為栽種。廖學昆的努力，使「西螺米」日後成為臺灣著名的良米。

末了的勸勉

磯永吉後來寫道：「研究的落實，需要優良的實驗室、圖書室、規畫良好的農事試驗場。農業的研究者，必須是在農事試驗場圃場的工作者。勤於記錄資料，多人共同合作，才有綜合性的、可落實的技術。可惜，有些人抱持成見，輕視新發現。有些人喜歡誇大成果，只看到表面的成果或是膚淺的觀察，卻輕忽重大、潛在的問題。關於稻米技術改良，民間固然有許多傳說，但是作物研究者才是親手在土地上栽種的人，用自己的實驗所得，看出前後的差別，成功來自苦心的功夫；技術的把握，來自親手作工的成果；技術的進步，不會來自一時的創意，而是從基礎下功夫。否則大自然變化萬千，誰能有把握說自己的看法才是對的？做研究，就是在大自然的變化裡，透過人與大自然的互動，一再修正。」

「對農業研究有興趣，而不是對職務有興趣。職務只是提供一個機會，讓人努力工作，趣味自然湧出。種稻的趣味，在於與土壤對話，了解氣候，對百姓有幫助。農耕的工作，讓人更深感受造物的豐富，在這神聖的領域，我心平氣和的工作，我的內心不斷感受著恩典，研究泉源不斷湧出，這就是我的報酬。」

磯永吉在臺灣生活了四十六年，他所培育的蓬萊種稻米，幫助農民收入提升，不僅影響了農民生活，也大大改變了臺灣農業，同時形塑了臺灣人的飲食生活，影響深遠。

8

臺北帝國大學的籌備者

大島金太郎

おおしまきんたろう

大島金太郎（1871–1935） 一九二〇年四月二日來臺灣擔任臺灣總督府高等農林學校教授以及「臺北農事試驗場」場長。後來，農林學校改名為「臺北高等農林學校」，又由他擔任籌備主任，升格成為臺北帝國大學。

他來臺灣的時間點，正是日治時期最敏感的時候。一九一五年六月，臺灣爆發最大規模的抗爭「西來庵事件」，總督安東貞美（1853–1932）稱之為「日本統治的失敗，也是教育的失敗」。

這位總督反對前任總督的高壓政策，認為二十多萬日本人，無法統治三百多萬的臺灣人，主張發展高等教育，培養臺灣籍的治理人才，於是他委託民政局長官下村宏（1875-1957）籌畫完整的臺灣教育體系。

然而，一九一八年臺灣爆發傳染病，先是流感，又是霍亂。一九一九年四月二十八日，「農林學院」成立，日本專家不敢前來任教，卻有一個札幌大學講座教授表明願意前來，這位教授就是大島金太郎。

大島金太郎生於日本長野縣，幕府時代稱為「信濃」，是德川的領地。長野居民大都從事林業，尤其種桑、養蠶特別著名。為了桑樹品種改良，十八世紀就與歐洲接觸，移植歐洲的桑樹種。但是高山地區生活不易，長野居民經常向外遷徙。

種桑家族的孩子

大島金太郎的家族世代種桑。他出生不久，父親就生病過世，母親帶他與家人移民到北海道。北海道生活不易，收成不多，他們後來又搬回長野。他從小熟悉樹木與土壤，知道什麼樣的樹木適合種在什麼土壤裡，也知道寒冷地區要生產足夠的糧食，才能幫助農民。他後來寫道：「關心土壤與植物，是我從小的喜愛。土壤是無聲的貢獻者，被多數人忽略。土壤最為寬宏大量，給予植物水分與營養分。」

明治維新初期，長野縣有了學校。一八八六年，大島金太郎就讀長野中學，遇到影響他一生的老師志賀重昂（1863-1927）。志賀重昂剛從札幌農校畢業（第三期生），他經常出國旅行，會運用出國見聞教「地理學」，他在一八八八年前往南洋諸國，回日本後向政府提出：「歐洲列強殖民南洋，搶奪自然資源。日本將來一定會將勢力延伸到南洋，若不為在地居民謀福利，將重蹈列強掠奪的覆轍。」他鼓勵學生出國增廣見聞、開拓眼界，在地理學上有許多貢獻，被稱為「日本地理學之父」。

一八八九年，大島金太郎申請進入札幌農校。一八九三年，他以最優秀的成績畢業（第十一期生），留校擔任助教。他對貧窮學生特別照顧，一八九四年，他與新戶渡稻造都是札幌農校夜間部的老師，不久升為「農藝化學」講師。一八九八年，他公費出國留學，先在德國柏林大學跟隨沙可斯基（Ernst Salkowski,1844-1923）學生物化學，而後到美國耶魯大學跟隨營養學大師艾特華特（Wilbur Atwater, 1844-1907）學食品營養，在一九〇七年取得博士學位。

成為出色的學者

艾特華特是美國《食品與藥物管制法》的推手，促使美國聯邦成立「食品與藥物管制局」。他教給大島金太郎的不僅是食品營養知識，更包括如何建立管理制度，如何推動立法，如何與國際研究機構合作、將學術落實在幫助百姓解決實際問題。大島金太郎後來寫道：「學術機構管理者的能力，是勞動力、機敏力與屈伸力。」

一九〇七年九月，大島金太郎回到札幌農校擔任講座教授。一九〇九年，他出版《食品取締法》，受到日本國會極大重視，成為非常知名的學者。在學術上，他發表「大豆的營養」、「芋頭的營養」、「昆布的營養」以及「作物碳水化合物的代謝」等研究，成為當時國際公認寒帶地區作物營養的權威。他也擔任「北海道農業試驗場」場長，重視經營策略與農業經濟，使試驗場成為日本的示範農場。

新戶渡稻造鼓勵他用北海道的經驗來幫助臺灣。一九〇九年，他第一次來臺灣考察，向總督府建議：「臺灣農地生產低落的主因是土壤貧瘠，需要發展堆肥與綠肥。」一九一〇年，他又前來，向總督府提出：「糖業技術的改進是培養人才，應參加國際糖業技術協會，不斷引進技術。」但他也感慨「臺灣若缺乏優良師資，一切改善對策都是空談」。一九一九年，「農林學校」成立時，分為農學科與林學科，各收三十名學生。當時大島金太郎就被徵聘擔任講座。但是他擔任北海道農事試驗場場長仍未交接，不克前來。當時，日本有媒體謔稱他是「精神的紳士」，徒有理想，不切實際。大島金太郎卻寫道：「人生的意義，在完成責任。人生的精華，在幫助人生活安定。」「臺灣是大自然的惠澤，豐富、美麗。來臺灣的抱負，是了解臺灣的大自然，幫助臺灣。」他決定由北海道寒帶農林業，轉向臺灣熱帶農林業。

來臺成立「實驗林」

一九二〇年，大島金太郎前來臺灣任職，同年六月，他成立「實驗林」。他寫道：「森林是國家現有的美麗，是未來的影子。森林管理的第一原則『治山就是治水』。」有人問他：「辦農林學校，學生畢業後要去哪裡工作？」他用更高層次的思維來回應：「管理國家，最重要的原則，是讓教育與產業，像兩條推動國家的軌道，平行邁進。」他在臺灣總督府的官階很高，是臺灣所有技術官階的領頭，但是他只以被稱為「大島校長」為榮。

一九二一年，他擔任「總督府中央研究所農業總長」，推動臺灣的「糧食生產調查」與「產業調查」，並編製成表，供發展臺灣農、工業的依據。

一生是跨文化的橋梁

他堅持臺灣農業要走自己的路，栽培臺灣的新品種。當時爪哇有新的甘蔗品種出來，許多人要求進口栽種。他否決，理由是「小心輸入外國的病蟲害」。一九二四年至一九二九年間，他多次代表臺灣參加國際產業會議，並擔任太平洋製糖協會議員。一九三〇年，他經常咳嗽、氣喘，仍忙著為剛成立的「臺北帝國大學」爭取優秀老師前來任教，他稱自己是國際、日本、臺灣之間的「文化橋梁」（culture bridge）。後來氣喘引發心臟病，在任內逝世。

9

臺灣農業經濟學先驅

鹿討豐雄

しししうちとよお

鹿討豐雄（1899–?） 他主張施政者須制定適當的農業政策，在統籌管理全國自然資源時，將農民福祉納入考慮，讓土地合理使用，生產足夠的糧食，妥善分配水資源。他擔任臺灣農村指導員時，推廣農村養牛，利用剩餘稻稈、穗穀、牧草再生產；推動堆肥做肥料，鼓勵用縫紉機增加農家裁縫收益……積極改善農村經濟，更主張市場自由化。

在那為殖民地發聲乃是政治禁忌的時代，他從事一份敏感的工作。

他將日本殖民時期臺灣農業產品外銷，以經濟分析呈現：生產雖然逐年增加，但是農民的實際經濟所得並未提升。

該如何幫助農民呢？

他提倡：以農業機械化，取代勞力；改善公共衛生，提升教育。更重要的是「農產市場自由化」。

明治時期，日本對海外殖民有兩種不同聲音，海外殖民是「文化的了解與技術的共享」，與「搶占資源，剝奪生產」，這兩股勢力相互激盪。文人執政理想主義較高；軍人執政，以壓迫提升功效。軍人執行是最有效率的施政，但是留下的弊端也多。

殖民地沒有經濟自由

「殖民」是十九世紀海外資本主義獲得低價原料、廉價勞力的方式：利用技術優勢，將對方奴隸化；利用知識優勢，將對方階級化；利用文化優勢，輕賤對方；利用軍事優勢，將對方征服。殖民是滿足野心、掠奪資源最快的途徑。殖民若只是透過單方的暴力短暫獲利，疏於溝通、交流，沒有愛與了解，長期只顧滿足欲望，形成另類的「巴別」，蓋到極限，瞬間全垮。

一九〇一年，農業經濟學家新渡戶稻造來到臺灣，向總督府提出「維護臺灣的經濟利益，而非日本利益的擴張」。但是隨著日本軍隊前來的是財閥，他們以「國有化」為由侵佔山林，剝削農產利益，導致一九一二年南投人民反對日本「三菱造紙株式會社」搶佔大片竹林，引發「竹山事件」。

一九二五年，彰化農民反對「明治製糖株式會社」過磅不實、低價徵收，引發「二林事件」，上萬農民串連抗爭，是日治時期臺灣最大規模的農民運動，總督府派軍鎮壓。一九二七年，日本東京帝國大學經濟學教授矢內原忠雄前來調查二林事件，被總督府驅趕，他回日本後發表〈殖民主義下的臺灣〉，指出農業經濟的不公，凸顯社會結構的不平，要求給臺灣市場經濟開放的空間，自組議會的權利，自設報社的自由。

然而，學者的建言絲毫無法撼動日本統治階級的帝國主義心態，認為臺灣人「文明程度幼稚」、「農業技術淺薄」、「熱帶環境的懶散」，征討臺灣期間，凡反對日本統治者皆為「土匪」，殲滅處理。平定臺灣二十年後，對於日本政策持反對意見者稱為「反動人士」，動輒毆打、下獄。

森林保護政策

同時期前來臺灣的農業經濟家深谷留三，對土地開發提出專業建議：「土地開發不宜超過地形限制，地表斜地，引水不易，面積不大，陸稻種植不宜超過20度，水稻種植不宜超過25度，柑橘種植不宜超過30度，茶樹種植不宜超過40度，否則不合經濟效益。」他的建議使城鎮近郊的淺山丘陵不致淪為農地開發。

平野昇一則主張，國有林地的使用，應該與在地原民共同經營與分享，而非站在優勢的一方以武力獨占。然而，在對「天皇」絕對效忠的制度下，不容許有自由市場、與民分享的概念。這些農業經濟學家體認到，在現有制度框架下，只能以漸進方式，透過教育推動改革，推動臺灣高等教育的原動力漸漸凝聚成形。

農民獲利的保障

在殖民時代，於殖民地區議論農業經濟是敏感的事，因為容易呈現殖民地百姓被剝削的真相。鹿討豊雄前來臺灣，不避諱探討這敏感的議題。一九二二年，他自北海道大學農業經濟學科畢業，同年前來擔任「臺灣總督府高等農林學校」講師，學校改為臺北帝國大學後，他轉任農林學部講師，隨後前往美國、德國兩年，再回學校擔任「農業經濟學」講座，這便是臺灣大學農業經濟學系的開端。

他對胡瓜、茭花的生產與價格進行分析，他寫道：「國民所得代表國家經濟活動表現。日本在明治時期資本主義發展，國家為了維持國際間的競爭優勢，犧牲弱小產業，最常用的方法是貨幣價格的波動，使勢弱產業的國民生產所得沒有減少，但是實質所得是減少的。」殖民地的經濟是生產有餘則由日本取走，以至於沒有任何外銷獲利。他認為改善臺灣農民收益，應將對外輸出當成外銷，進行管理。

指導農村提升經濟

農業經濟是非常敏感的議題。一八九五年至一九一五年這段時間，日本治理臺灣的前二十年，主要在平亂，戰爭花費很大。一九一五年至一九三五年期間，建造烏山頭水庫與嘉南大圳，又耗費大量稅收。過去，日本總督府從不公告農糧價格，總督府訂多少，就是徵收價格。這時，再論農民實質所得偏低，等於承認農民生產的多，被剝削的多。

一九三七年，日本總督府派鹿討豊雄擔任臺灣農村指導員，請他在殖民前提下改善農村經濟。他到各處推廣農村養牛，利用剩餘稻稈、穗穀、牧草再生產；推動堆肥做肥料，鼓勵用縫紉機增加農家裁縫收益；設置公有田地專作稻苗培育，減少農民支出；致力提升農村經濟與農民收入。運用稅收改善農民住宿，訓練農民海外移民，自組蔬菜公司獲取較高所得。他認為農業經濟很重要，施政者應制定適當的政策，將農民福祉納入考慮，合理的使用土地，生產足夠的糧食，妥善分配水資源。管理農業，不是只管農民人口數多寡、生產毛利，而是對全國自然資源的統籌管理。

出任嘉義農校校長

一九三八年，日本好戰派逐漸得勢，鹿討豊雄認為臺灣遲早參戰。為了保護農民，他建議臺灣農民移民海外；總督府誤以為他的建議是呼應新興的「南進政策」，他獲升職為總督府視察委員。一九四〇年，日本與德國、義大利簽署「三國同盟」。隔年，好戰的東條英機內閣成立，臺灣總督府下令經濟轉向，不再提「農業臺灣，工業日本」，而是「農業南洋，工業臺灣」。鹿討豊雄退出視察委員的工作，到嘉義農林學校擔任校長，第二次世界大戰結束之後才回日本。

10

設立水文監測站

八谷正義

やたがいまさよし

八谷正義（1891–?） 他於一九二二年來到臺灣，擔任臺灣總督府高等農林學校教授，兼任學校實驗林（當時稱為演習林）場長。他反對總督府以討伐臺灣原住民的名義，對臺灣林場過度砍伐。由於他的努力，臺灣林木被砍伐的面積減少。他推動設立森林水文觀測站，將水土保持觀念引進臺灣。

臺灣原是座森林之島，七十%以上的土地面積為森林覆蓋。

與臺灣緯度相同的地方──

在中東，是阿拉伯半島沙漠。

在非洲，是撒哈拉大沙漠。

在中美洲，是墨西哥的荒原。

三百年來，臺灣的森林不斷被砍伐。

但是有一個日本學者前來，擔任「森林活水事務所長」，推動砍伐地區造林運動，設立森林氣象站，調查森林對氣候、水文的影響。

更特別的是，他提倡森林管理是讓住在山上的人，可以健康與幸福。

臺灣是日本第一個殖民地，日本對臺灣的經營治理分為五大重點：治安與軍防的推動、行政管理的制度化、產殖的開發與提升、都市與交通的整建、興建學校教育人才。

臺灣林場是產殖開發重點

臺灣林場廣袤，而林業開發正是產殖開發的重點。過去百年來，臺灣長期是歐洲與大陸造船的供料場，需要木材時，就上山伐木。清朝時期，臺灣樟腦油外銷產量曾是世界第一，許多樟腦樹被砍伐。明治初期，日本已看上庫頁島、中國東北、臺灣，它們是亞洲三大天然林場。前二處與日本緯度相近，日本人容易了解。臺灣位於熱帶與亞熱帶之間，林相、植物種類與日本大不相同，更為日本人所渴求。

日本人個性謹慎，做事認真，擅於調查，喜歡量測，又擅於保存資料。一八九五年到臺灣，日本總督府立刻著手調查森林資源。這時來了許多傑出的森林學家，例如一八九五年前來的小西成章，他在杉林溪發現臺灣杉。森丑之助，則發現森氏紅淡比（臺灣特有植物），他深入山區了解原住民，是提倡讓原住民自治的第一人。另有田代安定，在東勢設立實驗林場。一九〇〇年前來的小笠原富二郎，有系統的調查臺灣森林資源，記錄巨木（包括阿里山三千年的紅檜）。一九〇三年前來的川上瀧彌，進行森林植物分類。一九〇六年前來的中村十一郎，推動森林苗圃。一九〇八年前來的金平亮三，進行森林材質試驗。

減少伐木面積

一九〇六年，總督府認定嘉義阿里山林場是臺灣原始林木最多的地方，開始陸續伐木。一九一五年又選定臺中八仙山林場與宜蘭太平山林場，擴大伐木範圍。日本使用臺灣廣大原始森林是竭盡所能，但是植林造林又不遺餘力，以為造林就可以無限制的伐林。首先提出植木不能伐林的學者是八谷正義。一九一五年，他自東北帝國大學林學科畢業，而後到瑞典、德國研究「森林經營學」與「森林管理學」。一九二二年，他來到臺灣，擔任臺灣總督府高等農林學校教授，兼任學校實驗林（當時稱為演習林）場長。他扭轉森林使用，寫道：「砍伐林木，將使陽光透過林冠，照射地表，使土壤乾燥，易起火災。伐木後留在地表的落枝、殘葉、枯立木，同樣易生火災。」

八谷正義又提出：「伐木過度，將導致森林保水性降低、土壤沖蝕、邊坡崩塌、淡水魚類枯竭。」「森林保水性使山區野溪的水源充沛、水量穩定，林蔭遮蔽，落葉腐質營養，水溫較低，這都有利淡水魚的滋生，影響可及近海魚類的繁殖。」他也提出森林能夠增加氣候的穩定，伐木會改變周遭微氣候，氣候較乾，容易引火，增加災害風險。當時高雄旗山、苗栗竹東等林場，在他建議下，伐木面積大減。他更反對臺灣總督府以討伐原住民為名，進行森林伐木之實。

野溪治理

八谷正義認為臺灣雨多、落雷多，山區應用土堤、石堆做為「防火線」。在易燃火的地方，選種厚樹皮的高阻熱植物，低樹脂不易燃的物種。他認為伐木是生活需求，但是伐木量要經由科學估算，做為伐木的基準，而非任憑日本政府或臺灣殖民政府的需求來決定。由於他的建議，才漸減緩林木砍伐，使一九三四年的臺灣，仍然保有二百四十四萬四千二百多公頃的林地面積，佔臺灣面積的六七．七％。

出任臺中農校校長

臺北帝國大學成立時，八谷正義擔任農林部教授，並擔任學校第一屆圖書館商議委員，撰文介紹新書，推廣閱讀。

一九三四年，他前往臺中農林學校（後改名為中興大學）擔任校長。他持續推動設立森林水文觀測站。日本總督府在一九一一年到一九一二年間，開始設立水文氣象站，但是經費有限，並未多加推廣。八谷正義推動加強水文觀測站網，做為臺灣野溪河川整治工程的依據，他提出：「臺灣野溪不進行保育，河川中、下游的整治經費都將浪費。」他也調查森林與氣候的關係。為改善山上居民生活，他提議山區道路需要重整，避免雜亂蜿蜒的山路；山區建築物應妥善配置，融入在地森林環境，兼顧山居生活機能提升與景觀之美；改善山區工人居住的工寮，去除簡陋的臨時住屋；結合部落文化，建立模範的山村。

山村是最好的居所

他也以山坡傾斜角陽光入射的方位、空氣的對流、空氣相對溼度的高低、地型的變化、林木與草原的緩衝帶等，讓山林建築結合森林生態系的考量，他相信山村是臺灣最好的居住所在。一九三八年，他在調查「溪頭林場」造林生長狀況之後，就回日本擔任北海道大學校長。

雲是水的來源，山是水的故鄉。森林是涵養水源的所在，可以減少洪水，保存生物多樣性。迄今，當我走在森林小徑，看到的是原始林伐除殆盡，巨木老樹已都不存，留下的大都是樹型扭曲，或遭蟲害、雷擊的廢棄剩木，導致土石崩塌、滑動、河道淤塞。從前種下的因，導致造成日後臺灣水土保持不易的果，然而，如果沒有八谷正義，這一切應該會更嚴重吧！

11

臺灣稻米儲存改革家

三宅捷

みやけすぐる

三宅捷（1894-1967）　他是臺北帝大第一任農學院院長，當時臺灣種出的蓬萊米雖好，卻不耐儲存，他建議各地農會興建大型米倉，幫助農民儲存餘米。他用「維持含水量在最佳範圍」的原理設計米倉，使稻米保存良好，平穩米價、保障農民。

有些歷史漸成傳說，有些傳說逐漸失傳。歷史消失，使人忘了現今的擁有的，是過去許多人的努力。

這裡就有個例子。

一位臺北帝大的老師，長時間持續研究：「如何保存臺灣的稻米？使稻米有口感、有營養？」

這曾是日治時期最重要的研究之一，現在幾乎被遺忘。

是不是要有個角落，來介紹這位功在臺灣的人？

三宅捷生於日本北海道札幌。他的父親是農人，在寒冷地區努力耕作卻收益不多，父親認為問題出在「位處偏僻，交通不便，收成不易輸出。收成存放久了，作物、蔬果就變質劣化」。因此，幫助農作收成後的儲存很重要，農民卻缺乏相關知識與技術。

以幫助農民為職志

三宅捷寫道：「我看到農家將收成裝袋，自倉庫搬進搬出，已經很辛苦了。後來看到收成劣化、長黴，真是難過。售價再低，也沒有商家要收購。」一九一四年，他進入北海道東北帝國大學農業化學系，決心以所學幫助農民。一九一八年，他以優秀成績畢業，留校擔任助教。他專攻生物化學分析，鑑定北海道草莓、柑橘、小麥等收成後的儲存期限，根據這些農作物碳水化合物的轉化，釐定收成後的儲存時間。他又研究黃豆發酵，找出味噌湯保存營養與口味的最佳時間，這個研究使他升為助教授。

改良晒穀

臺灣高溫、潮濕，許多水果、作物、瓜果收成後不易儲存，容易發黴長蟲，急需解決問題的專家。一九二六年，磯永吉在臺灣育種出「蓬萊米」，許多臺灣農民立刻跟種，但是收成後，三個月內就發黴，農民大受大擊，認為「好米不耐儲存」。總督府認為三宅捷是解決問題的最佳人選，聘他前來。

一九二七年，三宅捷來臺後隨即展開調查，他發現臺灣農民收成後，仍用傳統方法將稻穀放置地上日晒。晒兩天後，蓬萊米粒容易破裂，煮後口感不佳。他在晒穀場上加網以防日晒，可將溫度降低5°至6° C，雖然需要多花一天蓬萊米才乾燥，卻不易破裂，而且口感佳。他的發現，總督府立刻推廣，恢復農民對種植蓬萊米的信心。

建造米倉

一九二八年，臺北帝大成立。三宅捷留校參與籌備，擔任「農業生物化學教室」講座與第一任農學院院長。當時臺灣稻米的儲存問題仍未解決，因此他持續研究稻米所含的碳水化合物在收成後的變化。他認為這是未來臺灣稻米儲存、米質、口感、營養份兼具的關鍵。

一九三〇年，臺灣蓬萊米豐收，大量輸往日本，造成日本稻米市場價格大跌，日本農民群起抗議。一九三一年，日本政府停購臺灣稻米，臺灣稻米的米價跟著大跌，農民損失慘重，紛紛抱怨種植良質米何用！三宅捷提議建造「米倉」儲存餘米，等到缺米之時再賣出。一九三〇至一九四〇年間，臺灣各地農會建造三百多座大型米倉，幫助農民儲存餘米。三宅捷以一連串的實驗，發現蓬萊米米粒含水量，在十三．五至十四．〇％時，可以保存一年，米質良好。含水量若高於十五％，保存四個月就發黴。含水量若低於十二％，可保存一年半以上，但是口感很差。

食品後製與加工

他用「維持含水量在最佳範圍」的原理設計米倉，當時稱為「農業倉庫」。從此臺灣的米倉大都三層樓以上高度，保持通風。地板抬高，減少地面潮濕。屋頂用瓦片以防漏水。牆壁的土磚很厚，防止滲水。牆上的雨遮很長，避免雨水濺入。在米倉牆外種樹以防日晒。米倉四圍緊密，防止老鼠侵入。這些米倉可使稻米獲得妥善保存，平穩米價，保障農民利益。

此外，三宅捷也研究臺灣南部山區的愛玉子，萃取出愛玉子的膠質，可以精製成為市價較高的多醣體，改善山區原住民的經濟。他也研究臺灣瓠瓜、西瓜的種子，瓜子多含磷質，可以加工，提高瓜果剩餘的經濟價值。

重視學生的人格培養

他認為基隆富貴角一帶的海域最乾淨，海中的紅藻、綠藻、褐藻可以製成食物，對沿海漁民收益有幫助。他經常告訴學生，藻類若是可以利用，將是取之不盡、用之不竭的食物。

他上課給成績，經常不照考試分數。浮誇、驕傲的學生，他給分給的嚴；謙卑努力的學生，他給分給的鬆；臺灣籍的學生，他常多加十%的分數。有的學生批評他給成績沒標準，他也不以為意。他希望培育出的大學生是：「有開放的心胸，國際性的眼光，真摯的做人，追求對他人有所貢獻。」

廢棄物再利用

一九四一年，由於日本投入戰爭，臺灣物資缺乏，三宅捷又從甘蔗廢液中培養酵母，製造「健素」。他教導學生：「腐敗的食物，還可以提製『乳酸』，或經由發酵，製造堆肥。」

一九四五年，三宅捷回到日本，擔任神戶大學生物化學教授，一九六一年退休。

他對臺灣稻米儲存的貢獻卓著。當時他在臺灣建造的米倉，歷經颱風、地震，仍有十多座保留至今，分別在在宜蘭三結、桃園新屋等地，見證這位日本學者不願見到臺灣窮苦農民儲存米糧最後卻腐化長蟲、不能食用的悲哀。

12

使紅茶成為臺茶生力軍的茶葉改良專家

山本亮

やまもとりょう

山本亮（1890-1983） 他在臺灣推茶葉改良，輔導茶農提升製茶技術，又引進阿薩姆茶樹，使紅茶與烏龍茶、包種茶，並列臺灣三大名茶。

武士的一生，像是日本的櫻花。燦爛一時，瞬間萎謝，是一場悲劇。

他，身負國家重責，用十年的光陰，學習最毒物質的合成，完成任務，受到肯定之時，卻功成身退，到日月潭畔的魚池鄉，為改良茶樹而努力，使臺灣的紅茶揚名國際。

山本亮是臺灣製茶界的傳奇。一九一一年，他進北海道東北帝國大學農產製造學系，專攻營養化學學。畢業後時正值第一次世界大戰，德國與法國在戰場上施放毒氣。當時德國與法國在馬其諾防線對打，為了驅趕躲在洞壕、地道的軍隊，雙方施放致命的毒氣，首開戰爭史的「神經毒氣戰」。由於擅長有機化學與製造，日本政府派他前往德國學習三氯硝基甲烷（CCl_3NO_2）的製造。三氯硝基甲是劇毒，在空氣中 0.01ppm 就有毒害。

山本亮學成歸國，一九二五年成功自製三氯硝基甲，政府交由民間公司大量生產。同年，由於美國移民法的苛刻，對日本移民歧視，引發日美交惡。日本在明治維新時期大力向西方學習，轉成惱怒西方，埋下日後第二次世界大戰的導火線。

西方在工業革命經過一百多年才成為列強，日本在一八六八年明治維新，一八九四年就打敗清朝，成為亞洲新興的帝國，一九〇五年打敗俄軍，一九一〇年佔領朝鮮。大和民族在戰爭煙硝中看到未來的榮耀，在視死如歸的作戰中重拾武士精神，在迅速進步中，日本持續追求自身的強大。

推動茶葉改良

這期間雖然也有異議之聲，但是一九二六年，日本憲兵、警察嚴加管制，實施恐怖統治，排除異己。山本亮拒絕繼續擔任為日本政府製造毒氣的公司主管，離開日本前來臺灣，擔任臺灣總督府農林學校教授。他以三氯硝基甲製成殺蟲劑，幫助鳳梨防治枯萎病，後來又以除蟲菊（或稱菊精）為茶樹消毒，在臺灣逐漸走出一個重要的領域——「茶葉改良」。

臺灣在早期就有野生茶樹，明清時期，烏龍茶與包種茶隨大陸來臺的先民移入。一八六六年，臺灣烏龍茶外銷美國，一八九三年包種茶外銷印尼，看似發展得不錯，但是臺灣茶葉生產有幾個瓶頸：種植技術粗放，茶樹少剪枝、不施肥、蟲害多，採茶施藥未照季節。茶葉製造都用手採，成本高，生產量少，衛生不佳。茶葉缺乏品管控制，常有雜物夾雜或是劣等茶葉流入。又有中間多層剝削，茶農收益少。二十世紀初期錫蘭紅茶大為行銷，烏龍茶與包種茶的市場大減，導致茶農四散，茶園荒廢。一八九五年，臺灣茶園約剩一千公頃，大都在北部丘陵。

專心教導茶農

臺北帝大成立初期，理農學部分為「生物學」、「化學」、「農業學」、「農業化學」。山本亮擔任「有機化學」與「農業藥劑學」講座。他大力改良臺灣茶葉，用豆粕給茶樹施肥，用菸草燻蟲殺菌，建造機械製茶，使臺灣製茶開始走向機械化，並進行茶葉分級與品質管控。

一九三〇年，日本總督府在林口的菁埔設立「茶葉傳習」，他是最核心的老師，將製茶技術教給茶農。他堅持每年只教四十名，持續十年，教出四百位茶農，為日後臺灣茶業發展培育了專家。

引進阿薩姆紅茶

此外，他引進位於喜馬拉雅山麓高品質的阿薩姆茶樹（Camellia sinensis）進臺灣。阿薩姆茶是最佳的紅茶品種，口味濃稠，水色清澈，又帶麥芽香，適合生長在臺灣中南部。他依地形與氣候，訂出臺灣最佳茶園區，分別是位於臺北木柵的文山

（坪林），新竹的關西、苗栗頭屋的老田寮、南投鹿谷的凍頂山，南投名間、魚池，花蓮的舞鶴臺地。

一九三三年，山本亮幾乎是臺灣紅茶的代名詞，他使紅茶與烏龍茶、包種茶並列臺灣三大名茶。一九三六年，他又推廣茶園山坡地的水土保持，並推銷臺灣紅茶到中國滿洲與世界各處。一九三一年九一八事變，日本入侵中國，日本各大學設立南方資源的研究。一九四〇年，日本總督府宣布臺大教授要配合南進政策，這時有一批教授離去，不肯參與日本的南進政策，山本亮也辭職，回到日本擔任住友化學株式會社（Sumitomo Chemical Co. Ltd）的研究員，他用除蟲菊粉研發製成迴紋型驅蚊香，稱為「金鳥蚊香」。他認為最好的驅蚊，不是在空中噴殺蚊液，而是用固狀的蚊香，慢慢放出氣體，才具長效。

雖然金鳥蚊香也非常知名，但是山本亮最為人稱道的，還是他對臺灣茶葉改良與製茶現代化的貢獻。

金鳥

13

臺灣荒地開發功臣　「青田六七」屋主

足立仁

あだちまさし

足立仁（1897-1978）　他在臺灣成立首間「土壤微生物實驗室」，以土壤微生物，改善臺灣河灘荒地土壤的生產力，並將農業技術傳授給民間、輔導小農生產。也因為他的建議，使得總督府同意小農在農會組織享有投票權。

日治時期前來臺北帝大的教師有個特點，那就是具有冒險與開創的精神。

足立仁充分發揮這種精神，投入臺灣荒地開發。臺灣從北到南，都有土地經他改良土壤，使得荒地化為良田。

而他不僅投入荒地開墾，也投入教育，開墾學生的心田。

足立仁出生於北海道札幌，他的父親足立元太郎是札幌農校第二期學生，畢業後，前往北海道墾荒，在寒帶泥炭土種植耐寒燕麥與牧草，鼓勵更多自耕農前往。足立仁後來寫道：「父親叮嚀：北海道若無法糧食自足，生活所需必須仰賴外界，財政基礎將是薄弱的。應扶持自耕農，他們才是糧食生產的中堅。有足夠的糧食，才能維持北海道的開發與物價穩定。」

足立仁從小看到父親在開墾荒地的努力，他寫道：「開墾荒地的關鍵，在深耕、灌溉、排水、施肥與客土。都是辛苦的工作，卻是踏實與穩健，雖然少人前來，但是荒地給人另一種自由的發展空間。」

具有國際視野

一九一七年，足立仁進入北海道東北帝國大學農藝化學學系就讀。一九二一年畢業後留在學校擔任助教，負責指導農民種植園藝植物，尤其是種桑樹，發展北海道的蠶絲業。他勤於閱讀國外資料，常與宣教士、海外商人交談，他寫道：「開拓荒地，不是以荒地自限，而是需要國際性的視野，引進新技術來改進。否則荒地產量少、產值低，令人沮喪，若不是為了學習，就不易堅持。」他申請到美國留學，又到歐洲視察。他敏於求知與做事踏實，獲得「農林省山林局」局長鈴木貫太郎（1868-1948）欣賞，一九二五年，足立仁與鈴木貫太郎的女兒鈴木蜜子結婚。

臺灣的拓荒英雄

一九二七年，臺北帝大即將成立，非常需要一位指導開發臺灣荒地的專家。當時臺灣河灘地多為滿地石礫的荒地，常有垃圾堆積和宵小、犯罪分子藏匿，治安不好。若能開拓荒蕪之地，有作物生產，提供獲利機會，可以吸引農人前來，再以稅收建造河堤，改善環境與治安。一九二八年，足利仁偕妻子來臺，成為臺北帝大第一批新教師。他擔任助教授，成立臺灣第一個「土壤微生物教室」，以土壤微生物改善臺灣河灘荒地的土壤生產力。

只有特殊的人才，才能做出突破性的貢獻。一九二九年，足立仁將陽明山的黑色酸性土，做為士林苗圃的花木栽培土。一九三〇年，他將臺北市區的黏質土，移到淡水河畔與砂質土混合，使五股、二重、新莊成蔬菜種植區。他又移植黏質土到新店溪與大漢溪交會處，開發中和、永和，成為臺北水稻種植區。

改善酸性土壤

一九三一年，他改善楊梅、中壢、平鎮的酸性土壤，以石灰石與磷酸肥，改良當地茶葉、水稻、芋頭及果樹生長。一九三四年，臺南北門與佳里的蔗田種出的甘蔗不甜，他以腐殖土土壤去混合，使甘蔗甜分增加。一九三六年，他與鳥居信平合作，改善屏東林邊溪溪畔的石礫地，他用黏土來填充石礫孔隙，種出好吃的甘蔗，這是當時非常著名的案例，後來應用到花蓮、臺東河畔石礫地，改良為稻田。

幫助自耕小農

足立仁鼓勵在地農民：「不要低估黏土的重要性，在石礫地添加黏土，等於是給土壤施肥。」臺灣許多荒蕪不毛之地，就是在足立仁指導與幫助下，吸引農民前往設村，墾地種植。

足立仁建議要把農業技術落實到民間，不是依靠政府與大地主的關係，而是輔導自耕農，例如提供低稅貸款給小農購買農地。他提到輔助臺灣小農的重要：「時代快速變化，經常產生過激理論，導致社會動盪；保護小農，可以增加農村的穩定。提高『農會』層級時，讓小農有投票權，是避免大地主擁有特權最好的方法。」這促使總督府在一九三七年發布《台灣農會令》，提升農會組織並讓小農有選舉權。

足立仁帶領許多小農開發河邊荒蕪地，總督府並且以極低價把土地賣給小農，這使得臺灣河川地有個特色，即使在河川的行水區，農民仍然擁有土地所有權。後來都市發展到河邊，許多臨河擁有土地的小農民後代都成為富翁。

臺灣最早的學生團契

足立仁是臺北帝大「學生聖經研究會」的輔導老師，這是臺灣最早的基督徒學生團契。他鼓勵學生：「生命的成長，像是土地開發，開始生產不多，即使過了數年，可能也看不到什麼成果，但是長期在上帝所給的園子深耕下去，就會有成果。」

一九四三年，他寫道：「土壤原本是礦物，礦物不能直接供應植物生長，但是經過破碎成為粉粒，就成為營養的來源。我最歡 care（照顧）這個字，這代表照顧不是滿足一時的需要，而是長期的關懷。我們不能只渴望立時的結果，而不知長期關懷的重要。」「要有好的土壤，才有好的植物。而好的土壤是長期耕耘產生，甚至是用幾千年、幾萬年去培育。」

烽火中的保全

一九四四年，足立仁到京都出差，偕妻子到東京看望岳父。岳父鈴木貫太郎擔任樞密院議長與皇室侍衛長，告知他們日本即將戰敗，海軍已沒有能力保護回航臺灣的船隻，建議他們留下來。

一九四四年十月，盟軍飛機密集轟炸臺灣，臺北除了高炮部軍隊零星的反擊，已經失去了空防。足立仁的孩子，十多歲的足立元彥與足立洋子還住在臺北，臺北帝大「學生聖經研究會」的師生前去幫忙看顧。一九四五年五月三十一日，臺北大空襲，死了三千多人，數萬人受傷，許多建築物被破壞，足立仁的房子竟然完好，後來這棟昭和町四六二番的房子，成為現今著名的臺北市市定古蹟──「青田七六」。

最後的開發

日本投降後，足立仁才接孩子回去。一九五三年，足立仁擔任大阪府立大學教授，一九六四年，這所大學關門。東京著名的基督教大學玉川大學在那一年設立農藝化學系，聘請足立仁擔任創系系主任。玉川大學是日本第一所推行「全人教育」的大學，「玉川教育」是所有學科教育的基礎，引導學生認識上帝。

足立仁最後開墾的荒蕪地，是學生的心田。

14

臺灣畜牧轉型關鍵推手

山根甚信

やまねじんしん

山根甚信（1889-1972）　他是影響臺灣畜牧業發展與轉型最重要的人。他設立臺北牧場、新竹牧場、彰化牧場、高大牧場……，推動畜牧發展，又改良畜種與飼料，建立嚴格的檢疫制度，使臺灣後來成為「養豬王國」，並培植了臺灣第一批牛奶加工製品企業。

早期臺灣的豬隻生長環境惡劣。養豬不是專業，而是農民耕作餘暇從事的副業。豬住的地方，是農家最偏僻的角落；病死的豬隻，被隨意抛入水溝或河川。

農民劣化了養豬環境，豬也劣化了農民的生活環境。這種狀況亟需改變。

一九三一年八月，有個自札幌前來的教授，他堅信：「什麼是文明？文明就是從重視畜牧環境開始。」

山根甚信出生於日本鳥取縣，父親是地方法官。鳥取位於日本山陰地方，農民可耕地面積很少，冬季很長，是「豪雪之區」。居民大都以山上種果樹與畜養乳牛維持生計。

送牛奶的孩子

父親在法院的一些同事，一有機會就申請外調，他的父親卻堅信：「偏僻的地方，更能培養孩子的獨立性。生活不易，卻能養成孩子日後做事的能力。」一八九五年，山根甚信進入鳥取小學，畢業後就讀鳥取高等科。課餘，他一早騎腳踏車去牧場取牛奶，送到訂戶家門口。牧場生產的牛奶非常有限，即使許多人要訂牛奶，牧場也無法提供。讓「家家有牛奶」因而成為他一生的志向。

一九〇七年，父親送他到東京就讀東京帝大預校。有一天，他提到乳牛對家鄉居民的重要，同學笑他：「日本只有種植作物與果樹的農業，沒有畜牧業。」又笑：「鳥取是給老人退休的地方，對日本的進步了無貢獻。」山根甚信非常氣憤，他放棄進入東京帝大的機會，轉而申請北海道東北帝國大學畜牧科。

設立畜牧場

當時東北帝國大學的畜產學系，是明治時期畜產人才的培育中心。尤其在一九〇〇年，橋本左太郎（1866-1953，札幌農校八期生）自德國學成歸來，提倡「家畜衛生學」、「家畜病理學」、「牧草畜料學」等，要使日本成為農作與畜牧並肩發展的國家，被稱為「日本農村多角化經營」的開始。

一九〇八年，山根甚信進入東北帝大畜牧科。他特別學習牧場管理、牛奶生產與消毒、牛奶加工製造。他後來寫道：「畜牧進步，不能靠小農或小小農，而是要有專業的畜牧場，再加上農民具有畜牧知識與技術。」一九一三年，山根甚信以最佳成績畢業，留校擔任助教，一九一八年升為助教授，一九二〇年取得博士，繼續擔任助教授，一九三〇年成為理農學部畜產學講座。

畜種改良

大島金太郎擔任臺北帝大理農學部部長，第一位聘請來臺灣的學者就是山根甚信。他給山根甚信寫信道：「臺灣沿海低地、河口沖積三角洲，是發展熱帶畜牧的好地方。」「臺灣需要有畜牧，才能肥沃土壤。」「在臺灣發展畜牧，不是以殖民生產為母國效力為目的，而是增加在地農民福祉。」

一九三一年，山根甚信舉家來臺，擔任臺北帝大畜產學講座與「日本熱帶畜產研究主任」，負責建設「臺大牧場」（又稱為帝大畜產學附屬畜舍）。一九三二年，他先從事羊隻品種改良，以外來種與本地種雜交，篩選較健壯的品種，而後引進盤克夏與約克夏的豬種，與本土豬雜交，改良豬種。同年，他成立「臺灣畜產協會」，他寫道：「畜產提升，需要官民協力合作。發展畜牧業，要由政府提供獎勵，讓資金流通，畜牧才有利潤與市場，這將提升農民所得及生活水準。」他分析豬糞、豬尿的胺基酸，做為改良飼料的基礎。

飼料改良

一九三四年，他首先建議「飼料加入魚粉」，同年附屬牧場開始生產乾淨、安全的牛奶。一九三五年，他提出豬的飼料主食是黃豆粉、大豆餅，而非番薯藤與餿水。

當時臺灣豬隻飼養一年，體重約增加七十公斤，必須養一年半，增加到九十公斤才能屠宰。山根甚信自中國東北輸入大豆粉，做為豬的主食，使得豬養八個月，豬隻體重就能達到九十公斤，這是臺灣養豬業的一大進步。

建立畜牧檢疫制度

一九三六年，山根甚信在臺灣各處設立牧場，包括臺北牧場、新竹牧場、彰化牧場、高雄牧場……，並培植臺灣第一批牛奶加工製品的企業，例如「掬水軒」。他也用牛與豬的糞便作堆肥，改善土壤。他寫道：「高品質的家畜飼養，絕對不是野地任意放牧，需要使用高品質的牧料，加上不斷的改良品種，提升畜牧資源，使畜產與作物生產密不可分，這才是臺灣農民的福祉。」他建立嚴格的檢疫制度，禁止隨意扔棄死畜到水溝。

山根甚信在學校開設「食料學」、「畜舍學」、「病畜學」、「畜牛解剖學」、「繁殖學」等畜牧專業課程，他主張「好豬肉與牛肉，必須有高價格，在市場才有優勢，才能吸引農民投入豬牛畜牧。」他寫道：「對於改善生活動機強烈的人，是學習力強的人，當將更多正

確的知識，教導這些人。」

一九三五年，大島金太郎病逝，山根甚信接任臺北帝大理農學部部長。

守護學生與牧場

一九三八年，他發現「蘭嶼小型豬種」。一九四一年，日本偷襲珍珠港，消息傳出，許多日本人喝酒慶祝喝到醉，那一晚，他獨自坐在研究室，沒去參加。有人問他：「為什麼不來慶祝？」他說：「冷靜做事，是我的習慣。」

一九四三年，他大力反對日本軍隊帶走臺灣的牛、豬。一九四四年，他抗議軍隊抽調學生上戰場，他鼓勵參戰的學生要注意營養，保持運動，維持健康，才能回來再幫助畜牧業。其實，許多學生再也沒有回來。一九四五年五月二十一日，美軍轟炸機空襲臺北，造成嚴重傷亡與校舍破壞，他仍然守住臺大牧場。

同年，日本投降。他協助美軍顧問團在臺灣重建畜牧業，成立「農林廳」的「畜牧科」。一九四八年，他回到日本，到戰爭中受創最嚴重的廣島擔任臨時大學的畜牧系講座，一九五一年擔任校長直至退休。雖然他以家畜人工授精而聞名畜產界，但是他沒有機會看到臺灣畜牧業日後在國際的傑出表現，也沒看到許多臺灣子弟有機會念大學，是因為他們的父母能多養幾隻健康的豬。

山根甚信以為他在臺灣的工作是失敗的，他寫道：「我一生的工作有許多挫折與起伏，期待使農人的生活更穩定。」其實他對臺灣的貢獻很大。

Forstwirte und Dendrologen, von Dr. Phil. Carl
Alwin Schenck, Verlag von Paul in Berlin】Journal of the Japanese Forestry Society, Vol.21, No.9, p.536-537
八谷正義，1930，台灣森林火災原因，雪山 Vol.1. No.3. PP.28-35
11. 三宅捷，大野成雄，1930，愛玉子の粘質研究，熱帶農學會誌，第二卷，1-13 頁。
三宅捷，渡邊憲，德田稔，1932，椪柑の生化學研究，熱帶農學會誌，第四卷，402-420 頁。
三宅捷，渡邊憲，德田稔，1933，籾の乾燥の米成份に及ぼす影響，熱帶農學會誌，第五卷，90-98 頁。
三宅捷，渡邊憲，1934，米貯藏の研究。
濱口榮次郎，三宅捷，大野一月，1941，バガスの利用に關する研究 V II，熱帶農學會誌，第十二卷，290-291 頁。
12. 無
13. 足立仁，1943，生物とにの土，台灣博物學會會報，第 33 卷，690-700 頁。
足立仁，1931，台灣土壤の微生物學研究，熱帶農學會誌，第三卷，139-165 頁。
足立仁，1932，台灣土壤の微生物學研究 (第四報) 台北近郊 (草山附近黑色酸細性土壤)，熱帶農學會誌，第四卷，
389-401 頁。
鳥居信年，1936，伏流水利用に依る荒蕪地開拓 = 台灣製糖株式會社萬隆農場創設並に其經過，台灣水利，第 6
卷，3-27 頁。
14. 山根甚信，1934，熱帶農業と產，台灣之畜產，第 2 卷，第 1 期，9-13 頁。
山根甚信，1968，甦の魂，真實株式會社，東京。
山根甚信，1957，去りぬるを，荒川株式會社，東京。
Willcock, H., 2000. *Traditional Learning , Western Thought, and Sapporo Agricultural College. A Case Study of Acculturation in Early Meiji Japan*. Modern Asia Studies. Vol.34. No.4. pp.977-1017.

6. 三宅勉，1915，甘蔗萎縮病に就きこ (上)，糖業，14 卷，5-8 頁。
三宅勉，1916，調查，台灣農事報，116 卷，38-63 頁。
三宅勉，1928，歐美旅行雜感，糖業，1 期，20 頁。
三宅勉，1932，植物檢查事業に對する私の信念，熱帶園藝，2 卷，257-262 頁。
三宅勉，1937，台灣雜草種子型態調查，台灣農事報，372 卷，50-62 頁。
7. 磯永吉，1912，稻の品種改良に就こ，台灣農事報，108 期，73 號，1023-1035 頁。
磯永吉，1937，台灣農業の經營立體に考察時代來る，台灣米報，82 期，1-2 頁。
磯永吉，1945，農業技術協議會の指向，台灣農業 11 期，1 卷，30-35 頁。
磯永吉，1913，稻の開花の時刻及び授粉に關する觀查，台灣農事報，106 期，80 卷，603- 607 頁。
磯永吉，1913，選種に就て。台灣農事報，106 期，83 卷，898-903 頁。
磯永吉，1914，育種の話，台灣博物學會會報，17 期，4 卷，165-169 頁。
末永仁，1924，台中州下に於ける水稻の株出栽培に就て，台灣農友會，90 期，27-38 頁。
磯永吉，1936，台灣の稻作，台北帝國大學理農學部作物學教室象報，22 號。
磯永吉，1916，稻育種事業 (Ⅰ)，台中廳農會。
磯永吉，1917，稻育種事業 (Ⅱ)，台中廳農會。
磯永吉，1943，增補水稻耕種法講義，台灣農會出版，18 號。
8. 飯田直人，1934，專人部學生總代飯直人君の弔詞。林學季報，86 期，1-3 頁。
大島金太郎，1929，熱帶農學會の創設そ其使命。熱帶農學會誌，1 期，1 卷，1-2 頁。
涉谷紀三郎，1934，故大島金太郎博士。熱帶農學會誌，1 期，6 卷，1-3 頁。
大島金太郎，1919，農產改良增殖の根本義。台灣農友會，146 期，1-4 頁。
大島金太郎，1915，台灣農業に する注文。台灣糖業研究會。12 期，4-5 頁。
大島金太郎，1932，台灣糖業の品種育成の立場。台灣糖業研究會。219 期，3 頁。
9. 何鳳嬌編，2006。日本時期台灣高等官履歷 (三)，國史館，臺灣。
東鄉実、佐藤四郎，1916。台灣殖民發達史，晃文館，日本。
10. 八谷正義 (1934)：森林火災保險：特に保險料率に就て。林學シルビア會，臺北市。
八谷正義【(1939)Fremdländische Wald- und Parkbäume, Ein Buch für alle

參考書目（按篇章）

1. 作者不詳，1900，柳本通義君。台灣經濟雜誌，18 期，13 頁。
神埜努，1995，柳本通義の生涯。共同文化社，日本。
田代安定，柳本通義，1898，台灣島道路市街植物論の提出。台灣總督府史料。
柳本通義，1907，恆春廳下墾定附地官有地種畜場使用許可。台灣史料。
Maki, J.M., 2002. A Yankee in Hokkaido- *The Life of Willian Smith Clark*. Lexington Books. U.S.A.
越澤明，2011，後藤新平一大震災と帝都復興。筑摩書房，東京。
楊漢龍，1909，臺灣總督府農事試驗場景況。台灣農友會，24 卷，71-72 頁。
楊漢龍，1905，農事試驗場の概況。台灣農友會會報，1 卷，5-8 頁。
麻生藏，1982，近代化の教育。第一法規出版株式會社，日本。
新渡戶稻造，1907，教育の目的。台灣農友會寸報，95 號，1-5 頁。
2. 淡溪生，1915，臺灣を去りじ奇傑藤根吉春，新台灣雜誌，48 期，12-14 頁。
藤根吉春，1906，農事の改良に就く，台灣農友會會報，7 期，5-14 頁。
藤根吉春，1907，農事試驗場の過去及び將來。台灣農友會會報，12 期，1-10 頁。
藤根吉春，1909，台灣農業の進步を論す，台灣農事報，26 期，1-6 頁。
木村匡，1915，藤根農事試驗場學監を憶ぶ。實業之台灣，71 期，3-4 頁。
3. 長崎常，1912，台灣農業論，新台灣雜誌，台灣農事報，60 期，5-11 頁。
長崎常，1910，台灣害蟲驅除預防の現況，台灣教育會雜誌，45 期，8-18 頁。
長崎常、素木得一、伊藤右太衛門，1913，歐羅巴穀類改良事情の一班。台灣農事報，76 期，217-230 頁。
長崎常、神谷俊一、素木得一，1919，米の一升重量に就て。台灣農事報，66 期，5-21 頁。
長崎常，1921，台灣に於ける單位面積產米增殖論。台灣農事報，68期，1-4頁。
長崎常，1924，台灣農村振興新策。台灣農事報，215 期，2-13 頁。
Maki，J.M., 2002. *A Yankee in Hokkaido*. Lexington Books. U.S.A.
4. 東郷実，大正甲寅，台灣農業殖民論，富山房印，東京。
東郷実，大正二年，爪哇糖業論，台灣總督府殖產局。
5. 無

國家圖書館出版品預行編目 (CIP) 資料

來自北海道的科學家：14 位改變臺灣的日籍開拓者 / 張文亮作 . -- 初版 . -- 新北市：字畝文化出版：遠足文化事業股份有限公司發行 , 2023.02
176 面；17×23 公分
ISBN 978-626-7200-59-9（平裝）
1.CST: 人物志 2.CST: 日本
783.12 111022018

Learning 021

來自北海道的科學家：14位改變臺灣的日籍開拓者

作　　者｜張文亮
繪　　者｜蔡兆倫

字畝文化創意有限公司
社長兼總編輯｜馮季眉
美術設計排版｜菩薩蠻電腦科技公司

出　　版｜字畝文化／遠足文化事業股份有限公司
發　　行｜遠足文化事業股份有限公司（讀書共和國出版集團）
地　　址｜231 新北市新店區民權路 108-2 號 9 樓
電　　話｜(02)2218-1417
傳　　真｜(02)8667-1065
客服信箱｜service@bookrep.com.tw
網路書店｜www.bookrep.com.tw
團體訂購請洽業務部 (02) 2218-1417 分機 1124

法律顧問｜華洋法律事務所　蘇文生律師
印　　製｜中原造像股份有限公司

2023年2月　初版一刷　2024年8月　初版三刷
定價：350元　書號：XBLN0021　ISBN 978-626-7200-59-9
EISBN 978-626-7200-57-5（PDF）　978-626-7200-58-2（EPUB）